美国游学

于欣力　主编

中国海洋大学出版社
·青岛·

图书在版编目（CIP）数据

美国游学／于欣力主编 . —青岛：中国海洋大学
出版社,2019. 6
　　ISBN 978-7-5670-2211-9

　　Ⅰ. ①美… 　Ⅱ. ①于… 　Ⅲ. ①中美关系－文化交流－
通俗读物 　Ⅳ . ①G125-49 ② G171. 25-49

　　中国版本图书馆 CIP 数据核字（2019）第 088248 号

出版发行	中国海洋大学出版社		
社　　　址	青岛市香港东路 23 号	邮政编码	266071
出 版 人	杨立敏		
网　　　址	http://pub.ouc.edu.cn		
电子信箱	1922305382@qq.com		
责任编辑	邵成军	电　　话	0532－85902533
印　　制	日照日报印务中心		
版　　次	2019 年 6 月第 1 版		
印　　次	2019 年 6 月第 1 次印刷		
成品尺寸	170 mm ×230 mm		
印　　张	13. 5		
字　　数	221 千		
印　　数	1～1 000		
定　　价	40. 00 元		

编委会

前言
PREFACE

　　教育对外开放是我国改革开放的重要组成部分。40年来，我国高等教育对外开放取得了举世瞩目的巨大成就，高等教育国际化水平不断提升。在"一带一路"倡议中，高等教育发挥着重要的桥梁纽带作用，不仅成了增进民心相通的有效途径，也为讲好中国故事、传播好中国声音发挥着积极作用。国际交流合作已成为我国高校的第五项职能，这是我国教育对外开放与高等教育的重大理论创新，不仅要求高校积极主动地面向世界进行科研合作、人才培养、文化交流，更需要高校积极主动地融入并服务国家发展战略，通过对外开放探索具有中国特色、符合国际标准的现代大学制度。

　　云南民族大学高度重视国际交流合作，建校以来，英国女王伊丽莎白二世、美国前国务卿基辛格博士、挪威国王哈拉尔五世、越南胡志明主席等80多个国家和地区的元首、政要、专家、学者和国际友人2万多人次曾访问过云南民族大学，并给予良好评价。云南民族大学是云南省最早招收国外留学生、开展对外汉语教学的高校之一，1981年开始招收国外留学生，1992年开始招收外国硕士研究生。学校先后与美国、挪威、日本、韩国等20多个国家的80多所大学或学术机构建立了合作交流关系。

　　进入新时代后，学校积极主动地融入和服务国家"一带一路"倡议和云南面向南亚、东南亚辐射的战略布局，积极彰显"民族性、边疆性、国际性"的办学特色，注重内涵式发展，不断探索和构建现代大学制度，改革创新适应全方位开放办学的治理体系和管理制度，大力加强适应新时代发展要求的专业建设和人才培养，立足云南，面向全国，辐射南亚、东南亚，努力建设高水平民族大学、民族团结示范校、"三风"建设模范校。

2018 年 12 月 1 日，G20 峰会期间，国家主席习近平应邀同美国总统特朗普在布宜诺斯艾利斯共进晚餐并举行会晤。两国元首就中美关系和共同关心的国际问题深入交换意见，同意增进教育、人文交流。2018 年恰逢云南民族大学学生美国人文交流实践活动 5 周年。作为学校教育对外开放"十三五"规划"学生国际化工程"的一项重要内容，学校首次举办了"民大学子美国人文交流实践"5 周年征文活动，旨在拓展学生培养模式，构建跨文化交流平台，培养具有国际视野的创新型和技能型人才。经征求专家建议，本书取名《美国游学》，"知之愈明，则行之愈笃；行之愈笃，则知之益明"，意在鼓励同学们将书本与实践相结合，从一点一滴做起，不断积累，持之以恒，以有收获。

《美国游学》记录了云南民大学子美国游学的点滴，每篇文章都是同学们的切身体验，真情流露，有的记录了他们在美国的亲身实践和体会，有的描述了他们对中西文化差异的感受，有的则抒发了远赴他国得到的锻炼与成长。他们作为中美文化交流的参与者、实践者和经历者，不仅积极展现出了云南民大学子的风采，还为中美文化交流、两国青年增进了解、中西文化互动交流提供了鲜活的实践素材。通过本书的出版，希望能为青年朋友们搭建更多的学习交流平台，创造更好的交流展示机会，为高校教育对外开放贡献青春、智慧和力量。

编　者

2019 年 2 月

于昆明雨花湖畔

目　录
CONTENTS

美国东部

美国西部

美国中部

美国南部

美国东部

编者按

纸上得来终觉浅，绝知此事要躬行

滇池边，西山下，22名云南民大学子从雨花湖畔启程，怀揣勇气和梦想，远赴美国东部弗吉尼亚州、佛蒙特州、缅因州、新泽西州、新罕布什尔州、马里兰州、宾夕法尼亚州等地开启了一段暑期国际游学活动。他们用心、用情在异国他乡书写了青春之歌、动人之曲，不仅展现出民大学子的坚毅勤奋、乐观自信，还展示了新时代民族高校学生的风貌。

"纸上得来终觉浅，绝知此事要躬行。"他们在不同的地域从事不同的实践活动，却有相似的感悟和体验，正如一位同学所说，这是"一段永生难忘的记忆"。他们大多第一次出国，从未体验过社会实践。正是这样一帮朝气蓬勃的青年书生，毅然利用暑假时间远赴国外，用双手去体验，用脚步来丈量。

本篇章以美国东部区域为框架。美国东部是经济发达、人口较集中的地区，交通四通八达，自然资源丰富，钢铁之城匹兹堡就位于东海岸；旅游资源也很丰富，拥有不少历史名胜、著名博物馆和自然公园；东海岸也是世界著名学府分布较集中的地区。同学们在东部地区既感受到了繁华的大都市之喧嚣，也体验到了优美的自然风光和人文风情。通过优美之行、奋进之旅，他们收获的不仅是个人能力及英语水平，更是在实践中体会团队合作与沟通交流，感悟东西方文化之差异，思考爱国奋发之志向。

夏天就这样过去①

雷舒雅（2016级，东南亚学院，缅甸语专业）

实习地点：弗吉尼亚州

世界那么大，我想去看看。而我很幸运，正在看。

突然夏天就要过去了。

闭上眼回想过去，也会有些恍惚。偶尔站在十字路口，会瞬间想不起自己到底要去哪。3个多月的赴美带薪实习说长不长，说短也不短，就这样悄然接近尾声。这个夏天将成为我人生中珍贵的记忆。

青春就是汗水和不甘心交织在一起的夏天。

3月底了解到这个项目时，我想："可以边工作边旅游，这不就是我一直想去尝试的事情吗？这一定很棒，还能交到其他国家的朋友。"然后我马上把想法告诉父母，得到他们的支持后，我开始全力以赴地准备各种相关材料。一个人去成都面签，这期间还生病。一个人处理学校各种手续，做将近两个月的准备工作。当你迫切地想做成某件事时，你会发现全世界都在为你让路。

6月19日，我从昆明出发赴美，坐了长达20小时的飞机，终于抵达弗吉尼亚州里士满机场，然后用Lyft打了车，花了一些时间才与司机碰面。我到达Kings Dominion时已经是凌晨两点，经过一番波折终于入住。舍友都是中国人，我们是唯一一个舍友全是同一个国家的寝室。

第二天开始入职培训，参观游乐场，了解规章制度。我的工作是食物助理，工作地点是餐厅——负责大型野餐的厨房。做食物相关的工作很累，与食物相关的一切你都要做：准备食材，倒垃圾，擦桌子，扫地，拖地，洗碗等等，时常一个不注意你就会有工伤。刚开始是最困难的时候，种种不适应不说，还要适应全英文环境。我的英语基础不是很好，时常听不懂，曾一度怀疑自己。有情绪在我胸口，我却没有办法表述出来。我以前不明白，这种好气

---

① 本书学生实习年度见附录1，下同。——编者注

又好笑的无奈感，竟是生活本身。我需要操着并不熟练的英语去表达自己，去维权，去反映问题、解决问题——工时不够，系统上的信息出问题，工资少发。我也去过医院。

在此之前，从没有想过自己能漂洋过海不远万里来到这么远的地方，我甚至以为先去的会是一直想去的法国。也从没想过自己会一个人生活这么久，可它就这么突如其来。这里离家乡 13 000 多公里，相差 12 小时（纽约时间），昼夜颠倒。没有熟悉的中文环境，只有巨大的文化差异。开始一个人生活，一个人上班下班，一个人吃饭睡觉，甚至节日的夜晚也一个人度过。但一个人生活，终究能成长得快些吧。你想成为什么样的人，就得做什么样的事。不要变成一个不断将就的自己，要变成一个更喜欢的自己。我们需要跳出自己的舒适圈。如果不尝试做一些新的事，我们又如何成为一个新的人？我觉得我们中的很多人都已经朝着自己的目标一路飞奔了。小时候想在游乐园工作的想法就这样不经意间实现了！

我们每个人，都有自己的路要走。

只是旁人难以理解，而有时你又难以忍受孤独，无法承受代价。其实，无论过什么样的生活都要付出代价，或者是牺牲一些别的什么。没那么多两全其美的事，选择归根结底都是考验你是否能为了你所坚持的去付出那些代价。

每个人都在用力地活着，用自己的方式。

每个人都会度过一段一个人的日子，或长或短，或习惯或不安。

找不到人倾诉，或者是找不到一个人陪伴，所有的情绪都自己吞，反而很快地沉淀了自己，找到了属于自己的生活方式。生活方式大家各有不同，没有好坏之分，但我想独自生活的那些人面对生活的难，多多少少会比别人更从容一些。现在发生了什么事，我第一想法就是怎样止损，而不是束手无措，惶惶不安。好像突然之间就长大了，知道很多事情只能依靠自己。

很多事情就是这样的，要在未来的某一个时刻，才能发挥价值。大多数时间我们都在准备自己，开出花之前我们都得扎根。尽管在最开始，要习惯一个人生活那么难。

锅碗瓢盆会比我们想象中的贵，也比我们想象中的多，但当你买完它们之后，反而不愿意再多做几个菜了，更何况是作为一个炒菜界的新手。这是一个离开舒适圈真正独立的环境，你要照顾自己的一日三餐，开始为柴米油盐烦恼,开始思考如何合理理财,开始独立解决所有问题。

然后你才发现在最开始的那段时间,生活真的太难了。热爱生活之所以太难,是因为在一开始的时候,热爱生活本身太累了,是那种琐碎的累。

问题在于我们一个人生活,实在容易不好好照顾自己。再加上没有人能说说话,总会在某一段时间内让人觉得难熬,就好像我们置身于黑暗之中,那种仿佛伸手就能握住的黑暗。我们会感到自己在黑暗中被分解,然后变为黑暗的一部分。我想,我最开始无法习惯这样的生活,是因为我并没有真的去做那些一个人时该做的事。因为我总是在一个人时寻求外界的共鸣,从没想过对抗生活本身的力量应该来源于自身。那力量应该来源于一个人读的书、一个人去过的地方、一个人规律又自然的生活。热闹本身并不足以对抗生活,沉淀下来的力量才行。当你习惯一个人生活之后,你会发现外界的事再也无法影响你,你会更坚强,更平和。

我想,我们终究是能够自己给自己安定感的人。只不过得一个人生活一段时间,我们才能挖掘出原本属于自己的这份力量。就好像我们有时在街边听着歌无人打扰时,会感受到四面八方的微风,它们进入我们的血液,我们变成了世界的一部分。此时我们周边的时间都开始变慢,我们最终听到的,竟是我们内心的声音。

我们在哪儿?在做什么?是不是也开始感受到了孤独?

我们经历得越多,走的路越长,这样无法分享的心情就越多。这世上大多的情绪,本就该自己消化的。只有这样,我们才不会患得患失,害怕说错了什么,又或者害怕眼前的那个人并不是你想要的倾诉对象。

有时你需要重新面对你自己,重新面对一个人的生活。当你身边恰好没支撑点时,天暗下来,你能撑着自己,我们都需要一点儿这样的力量。

我原本以为生活的烦恼是山坡,需要我们去攀登。后来才明白生活的烦恼是地上的碎屑,你需要弯下腰,一个一个仔仔细细地慢慢收拾。

我们就这样长大了。

可总有些时刻,你需要这样的力量。

在你身处黑暗时,当你突然厌倦时,当你心情低落时,当你自己也不明白自己为什么失去热情时,你需要这些东西,让你重新燃起一点向前跑的动力。

每个人实习的初心都不一样,但大多数人都是想借此机会感受不一样

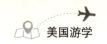

的文化。像牙买加人、泰国人就是以挣钱为主。我想试着自己独立生活。

因为飓风的原因，我提前结束了工作并开始了旅行。离开 Kings Dominion 的时候，我很平静，并没有太多感慨，我迫切地期待接下来的旅行。

遵循着自己的生活方式偶尔纠结，偶尔犹豫。去旅行，不是为了拍到多美丽的风景，而是为了更好地回归生活。去看看世界有多大，不过是让自己知道这世界有多美丽，值得自己去奋斗。去经历颠沛流离的旅途，不过是让自己知道这种状态自己都可以活得很好，那日常生活还有什么好怕的？

毕竟也只年轻这一次。

世界那么大，我想去看看。

而我很幸运，正在看。

我去了尼亚加拉瀑布、纽约、费城、华盛顿。

我在弗吉尼亚海滩看日出日落。

我在波士顿感受了哈佛和麻省理工的学术氛围。

我去过很多地方，可这过程可不一定很美妙。

旅舍可能会停电，签证可能会出问题，飞机经常会晚点，疲惫才是常态。风景不一定都好看，日出前的天都很黑，有时会突然遇到大雨。

我在异国他乡丢过钱包，也在山顶突然等到一场雨，内心也下着一场雨。

离回国的时间越来越近，我的心也越来越平静。聚散不由人，时间也不会为谁停下不走。我只愿在那些"突然"的时刻，我并不会为时光溜走不安。

就此，已经足够。

当然在失去了很多的同时，还发现有另外一些留了下来，而这些都是宝贵的财富。

为此我感谢学校和 CIEE 提供的平台，感谢父母的支持，感谢这个不服输、想闯荡、想看世界的自己。

感谢。

宝贵的人生财富

曹言朋(2015 级 , 应用技术学院 , 旅游管理专业)

实习地点 : 弗吉尼亚州

我的人生添了一笔无形而宝贵的财富。

赴美带薪实习项目虽然只有短短的三个月 , 可我依然感觉很充实 , 很满足。在这段时间里 , 遇到过挫折 , 也经历过感动 , 偶尔会怀念家乡的小吃还有妈妈做的饭。刚开始工作那几天 , 只觉得身上的骨头都要散架了 , 每天过着吃饭、上班、睡觉三点一线的生活。由于 6 月份是淡季 , 我第一个月的工作时间不多。有段时间我挺郁闷 , 有过一两次 , 我一周休息了三天。有时候就算有工作 , 也只是一两个小时 , 一周的工作才十来个小时。而且每周都要付房租 , 因此赚的钱很少。

说说我的工作吧 , Kings Dominion 是一个非常大的游乐园 , 我们有三百个左右的国际学生在这里工作 , 全部住在一栋宿舍楼里 , 每天下班聚在一起聊聊天 , 分享着自己国家的文化。休息日的时候 , 我们就会去游乐园里面玩 , 员工进出游乐园是免费的。我们把所有过山车都玩了一遍 , 还有旋转木马、摩天轮、高空坠落、水公园等。每当周二、周四的时候 , 我们可以坐免费的大巴去沃尔玛和城市中心地段购物。还有直达里士满市区的大巴 , 我们员工只需要付一半的票价。Kings Dominion 会给我们安排旅游 , 没有强制要求 , 我跟她们去了纽约 , 遗憾的是没有去弗吉尼亚海滩和尼亚加拉大瀑布。

在这里最幸运的事就是遇到了非常好的哥伦比亚同事 , 他们很照顾我 , 帮我处理很多事情 , 从来不给别人欺负我的机会。还有俄罗斯人 , 他们见到我永远是那样热情 , 见我一次拥抱一次。还有本地的雇主 , 她们人也挺好的 , 还经常跟我学中文。特别特别想说的一件事 , 是三个月来我们都是自己做饭吃。同样是自己动手做 , 为什么别人做的就那么香呢 ? 有好多 " 大厨 ", 各国各地的都有 , 他们做的饭菜有着独特的香味 , 让人垂涎三尺。着重表扬一下四川的小伙伴 , 你们的厨艺非同一般。

在生活方面 , 美国和中国生活习惯差别是很大的。比如美国人不喜欢买

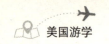

矿泉水。热饮很少，除了咖啡还是咖啡。公交不是很便利，除了纽约市中心，其他地方公交线路很少，乘坐公交必须要看时间表，否则你很可能等上一个小时，车票也可以在当地吃一顿麦当劳了，但是这些状况没有对我造成什么影响。平时的生活中，我要自己解决吃饭，通常都是自己去超市买材料，然后回住处自己做饭吃，之后自己刷碗。上班时都要穿着工作装，每天下班都要洗衣服。没有人叫你起床，不起床只能迟到。生活中的一些大事小事都要靠你自己来思考，来解决。钱包空了，只有自己知道，肚子饿了，只有自己知道。经过三个月的独立生活，我做事有条理了很多，考虑事情周到了很多，办事能力强了很多。

回想当初，来美国前的场景还历历在目。晚上会失眠，睡不着觉。想想将要在异国度过那漫长的三个月，便暗自后悔，后悔自己当初的固执。毕竟是长这么大第一次跟爸妈离得那么远，第一次要这样完全依靠自己独立地生活。我怕自己做得不够好，怕自己不能完成工作。但我知道，人终究要成长，终究会长大。

到达北京机场时，一个人在机场苦等8个小时，暗自后悔当初为什么报这个项目，但是纠结的我坐上北京飞往芝加哥的航班时，看着飞机起飞，那种不安、焦虑瞬间被对未知的兴奋、激动而取代。

人总是要这样，经历无数的第一次才会慢慢长大。第一次坐十几个小时的飞机，一点儿都没有坐国际航班经验的我在飞机上穿短袖短裤结果被冻得一塌糊涂，尤其是第一次从芝加哥机场转机，面对如此多的外国人不知道要怎么准确地表达我的意思变成我在美国的第一个大麻烦。但是这无数的第一次伴随着我最终降落到麦迪逊，伴随着我开始我的赴美游学。

现在回想起过去这三个月，觉得不仅是有辛酸，更多的还是快乐的。只要你能调整好自己的心态，慢慢学会去融入这样一个多国家、多文化的大家庭，还是可以有许多收获的。在结束了三个月的工作之后，我的几个中国朋友便在美西和美东旅游了15天左右，也算是对自己这三个多月辛勤劳动的一种奖励吧。不过，真的说到这三个月我所体会到的、收获到的，绝不是这短短的一篇实习报告就能概括的。简而言之，这三个月我长大了很多，体会到了一个人在外生活的艰辛，学会了如何照顾自己，学会了如何和各种人打交道，学会了如何冷静地独立处理问题，学会了如何才能让自己保持情绪，同时也体会到了要从事一份工作的那种艰辛。

　　我很庆幸自己能有这样的一次游学机会,所以我会把这些回忆和体会永远地埋藏在心里,作为自己以后人生道路上的一些提醒和指导,在以后的人生中慢慢地体会和消化。赴美之行,我收获最多的应该就是英语水平的提高。还记得刚到这边的时候,我很不适应这边人的口音,经常需要对方重说我才懂。而且我经常犯语法错误,许多东西无法用英语表达清楚,经常让雇主和朋友哭笑不得。不过他们都很有耐心,有时候还会放慢语速。跟他们聊天,我一点压力都没有。而我也学会一种方式表达不清楚,就换另一种方式表达。我不知道自己是否有很大进步,但是我现在起码能明白对方所表达的意思,学会了不少词汇,口语也有所提高。

　　最后,感谢这次暑期实习,让我的人生添了一笔无形而宝贵的财富。

第一次带薪实习

吴赵鸿辰(2017 级，应用技术学院，广告学专业)

实习地点：佛蒙特州

每个人都会有属于自己一个人的孤独的旅行。

　　2018 年 6 月，我通过美方 CIEE 的项目开始了第一次带薪实习。由于从小对英语有天赋，我渴望体验真实的英语环境。于是，这次很突然的计划也匆匆地执行了。记得飞机飞过两国之间的海洋时，我是那么激动。我一直往窗外看，像是要把这美丽的海洋装进自己的口袋里一样。14 小时的飞行使我疲惫不堪，不料却是一个乌龙，给我买票的老师买到了美国西部，与我的目的地整整隔了一个美洲大陆，一人在外的我更是心生畏惧。而且当我到了国际机场的时候，我才发现，原来他们说话那么快，快到我难以想象。还未适应新环境的我便遇到了第一个大麻烦。经过多方协调之后，我重新买了一张到达目的地的机票。没想到第一次离家那么远就遇到了这么个大乌龙，不过，如果一帆风顺的话哪儿来的锻炼自己、积累经验一说呢？

　　到达目的地已经是当地时间凌晨 1 点了。那是个很大的区域，出租车司机把我送到门口后，可能看出我语言不怎么流利，于是帮我打了雇主的电话。可惜没接通，他只能遗憾地离去。我站在全是小型别墅以及各种木房子的门外不知所措。过了大约 10 分钟，房子里出来一个人，他黑黑的，矮矮的，身材微胖，还有一双炯炯有神的眼睛。他开口问我："Who are you?" 我不知所措。他是个印度人，发音很奇怪，我便更听不懂了。不过抓到一些关键的词汇，我大概能猜到他的意思。他带我上了楼，我看到了那木质楼梯，仿佛回到了奶奶的家里。昏黄的灯光更是让我感触良多。他把我带到了一个小小的房间，便吩咐我好好休息。第二天我早早地起床，去到厨房。紧接着一个女生便进来，她一开口我就懵了，她的口音也是特别特别怪异。经过交谈得知她是土耳其的，另一个与她同住的女生来自蒙古国，与我同住那个男生同样来自土耳其。我自知还没熟悉环境，必须凡事多动动，于是下楼去找到雇主要求当天开始工作。他把我领到昨晚与我一个房间的那个男生那儿，男生叫 Dogan。Dogan 开始教我做客房管家的工作内容：换垃圾袋，换床垫，打扫浴缸和地毯，所有的一切，看起来是那么简单。大约两小时之后就下班了，我又回到床上躺着，对于新环境的陌生以及语言的不熟悉让我不想说话，就看看朋友圈的动态。躺到了下午的时候，早上一同交流的蒙古国女生邀我去Wendy's（一家连锁快餐店，类似于麦当劳）吃饭，我毫不犹豫地答应了。我深知如果不迈出步子走出去的话，是没有机会与他人交流，没有机会改善我的口语的。到了那里看了菜谱，我更是不知如何是好，全是英文，没有一个熟悉的词汇，我只能说"和你一样"。过了一会儿，另外一个女生来了，胖胖的，她们开始说着我不懂的语言。我只能偶尔用蹩脚的英文和她们聊聊天。晚上也是照样，我们在厨房坐着聊天。我们虽然有时听不懂对方的口语，却能理解对方的意思，像是多年未见的好友一样，不说话你也能懂对方的意思。

第二天照例上班，对新环境充满了好奇的我，对每一天都充满了期待。从最开始的"留宿"开始，给客人提供客房服务，我从未做过"苦力"，慢慢地学习。雇主安排我和另外一个客房管家学习做"退房"。雇主看起来有一点点老，做起事来却是雷厉风行，也很有耐心。我也仔细地听着那本土英文，唯恐漏了一个词而造成工作失误。我的口语在一天一天地提升，我也交到了很多朋友。不知是第几天，我和另外两个蒙古国女生到了海边开始找第二份工作。我们去了很多的餐馆、服装店、冰激凌店，结果在游乐园找到了。到了下午，我们去了另一群学生的房子里，他们很多都是菲律宾的，还有哥伦比亚的、罗马尼亚的、吉尔吉斯斯坦的……我们一起愉快地吃晚餐，一起开玩笑，一起谈天说地。

在游乐园上班的第一天，一个人看管一个游戏，收钱，找钱，介绍游戏规则，看起来是个能够大大改善口语的好机会。我也是从学习开始，学习介绍方法、规则和游戏限制。每天看到来往的美国人、加拿大人以及其他我不知道属于哪个国家的人。以前听说过美国是个移民国家，我还是惊讶于这里有那么多来自如此多的国家的各不相同的人。刚开始我只是介绍游戏规则，看着他们玩，赢了给奖品，输了就表现出一副很遗憾的样子。没想到后来我不仅能够自由交流，还能和客人们开起玩笑来。每天充实的生活让我深深地体会到，让自己每天都忙碌起来，每天都充实起来，才是真正的快乐。我以前花钱大手大脚，通过这次活动，我才真正地意识到，原来钱挣得是那么不容易。每天至少 10 个小时的工作，压得我喘不过气来。可是，我很快乐。

　　雇主名叫 Sunny，妻子叫 Seema，他们还有两个特别可爱的女儿。每天都能看到两个漂亮的小女孩在骑单车，跑来跑去。我和两个蒙古国女生成了朋友。我们每天一起上班，一起回家，租了一辆自行车，每晚一起回去的时候，我们总会唱着一首首英文歌，在漫无一人的大街上"肆意狂吼"。时间过得很快，每天像是复制的生活状态，两点一线。我曾遇到过一帮很麻烦的客人，他们付钱入住之后，原本已经结束工作的我被雇主叫起来去稍稍打扫一下。可我一进去客人就要求换床单、床垫。雇主过来之后开始了争吵，甚至几次都要叫警察了。我看着他们狰狞的表情以及手臂上的针眼，内心深处的厌恶无处可释放，最后还是以他们走了收场。之后我明白，无论你来自哪里，你是否富有，涵养这种东西真的是很重要。无论你有多大的成就，每走到一个地方，你代表的就是你的国家。每次遇到开朗一点的外国人，他们都用中文说"谢谢"。在那一瞬间，爱国感油然而生，我很自豪地说出"我来自中国"。

　　最有意义的收获之一应该是，我交到了来自很多国家的朋友。我们经常聊天，即使彼此都知道可能在未来的时间里没有可能再见到了。可是，三个月的相处却让我们都拥有了属于彼此的记忆。我相信我有一天会走到他们的国家，去和他们分享多年未见的欣喜和激动。三个月很快就结束了，我满怀兴奋地踏上了旅途，凌晨 4 点坐上了前往纽约的巴士。到达之后，我下了车，站在人头攒动的街道上，孤独感油然而生。18 岁的我，踏上了一个人的旅途，人生不也是这样吗？如果想要变优秀，就必须接受孤独带给你的寂寞。每个人都会有属于自己一个人的孤独的旅行，我很庆幸这么早就参加了这个项目，尽管我才 18 岁，可是我收获的比我想象的还要多。

一座梦想的城市

顾婷莎（2013 级，管理学院，财务管理专业）

实习地点：缅因州

我很感谢当初那样努力的自己，今天我才变得拿英文聊天都能出口成章不经大脑思考了。

我们的落地点是芝加哥，一座承载着好多人梦想的城市。尽管第二天早上还要转机，我和两个小伙伴还是毅然决然拖着行李箱走出了机场，去一睹芝加哥的风采。找到地铁后我们并不知道自己该去哪里，初到美国的胆怯至今还让我记忆犹新。最后我们选择了在芝加哥站下地铁。出了地铁冷风阵阵，荒无人烟，失落一点点地侵蚀着我的心。我们拖着沉重的行李箱在街上漫无目的地走着，最终鼓起勇气跟路人问路。这是我们第一次跟真正的外国人交流，不论英语多蹩脚，我们还是用尽全力去解释。对方是一对男女朋友。也许是幸运女神的眷顾吧，在我们着急找不到地方留宿的时候，这对男女朋友邀请我们到他们家过夜。当晚我们在这对男女朋友的带领下，看到了芝加哥的夜景。我误打误撞到了缅因州的奥查得比奇沙滩工作，当时只是觉得老板给每个小时 8.5 美元的工作比别人的 8 美元好，却没想到这次误打误撞给了我这一辈子最美的回忆。这里有很美的沙滩、很美的冰激凌以及很美的人。

我被分配到沙滩边的防波堤上做销售，卖一些纪念品和衣服。开始工作时，我的内心基本是崩溃的。老板给我们十多个大箱子，里面的衣服都需要分号、打价格、叠好，然后再贴上尺寸。这样的工作每天都在重复着，而初到美国的我话并不多，不是不想说，而是沟通无力。好吧，那就拿出精神继续叠衣服吧。

七月，天气开始变热，海滩自然成了多数家庭旅游的首要选择，原本寂静的海滩一下子就变得热闹起来，一开始还让我挺不适应的。我开始了一个人看一家服装店的生活。最庆幸的是，我有一扇很美的窗户，窗户外面是沙滩。

　　我的老板很忙，我每天只能偶尔看到她。她总是带着迷人的微笑，她的老公就在旁边开餐馆。我们员工每天还有免费的水和炸鸡、薯条、汉堡，当时真的觉得超级欣慰。我看的店并不大，我每天要做的事情就是卖衣服、收钱，然后帮老板叠衣服、贴标签。初到美国数钱最头疼的就是硬币。老板带我一遍又一遍地练习，一遍又一遍地鼓励我，最终我闭着眼睛都能把那些硬币给分清楚了。我卖的衣服很可爱，以裙子为主，进来的客人总是喜欢跟我闲聊，而一个人看店的我不得不开始突破自己，张口跟她们聊天，尽力去听她们所表达的意思。我很感谢当初那样努力的自己，今天我才变得拿英文聊天都能出口成章不经大脑思考了。

　　我曾经抱怨过我的工作没有小费，因为住在一起的两个中国小伙伴在我老板老公的餐馆里面卖刨冰，每天平均每个人都能收到10美元的小费，而我却没有。我也曾经问过老板这个问题，而从那时候开始，我的老板开始每个星期发工资都会给我额外的小费了。至今我还依然记得老板说，我们无依无靠地到一个陌生的国家，只认识她一个人，如果她放任我们不管，那真的是良心会受到谴责的，换作是她自己的孩子出国无依无靠，她也不会放心。听到这些话的时候，我哽咽了，觉得这辈子最没有做错的决定就是来到了这个地方，她就像我在美国的妈妈一样关心着我。我笑的时候她比我笑得更开心，我哭的时候她总是给我最大的鼓励和拥抱。我工作的店很小，但充满爱心。让我不得不提的是我的第二份兼职的雇主，他是个很有画画天分的老头，我很爱他。我每周去帮他工作三次，一次三个小时，而他每个小时给我10美元的工资，这是我想都没有想到的。至于我的工作，就是帮他打扫，帮他做一些杂事。他经常跟我开玩笑，经常做他所谓的超级好吃的美国食物给我吃。虽然我不敢恭维那些食物的味道，但是我吃着依旧很开心，而帮他做的最让我觉得难忘的事就是刷马桶。当时难以接受，因为我连自己的马桶都不刷，结果我去刷别人的马桶了，觉得挺残酷的。而老头也觉得让我去刷马桶的确挺惨，所以每次当我刷完马桶，总是有好吃的或者额外的小费等着我。渐渐地我也开始习惯了刷马桶的生活。同样，我也对他抱怨过关于小费的事情，他也是从那时候开始不断给我小费，少则1美元，大多数时候都是10美元的小费。老头有好吃的饼干，那是我吃过的最棒的饼干了。他跟我开玩笑说，我每次工作得好就给我一片饼干作为奖励。老头让我认识了很多新的朋友，整个防波提上工作的人都认识我，卖眼镜的，卖首饰的，卖巧克力、草莓的,我们没事就在一起闲聊。他最好的朋友是一对卖眼镜的夫妇,他们说第一次见面就喜欢我,并且送给我中国制造的眼镜作为礼物。老头说,当我准备离开那里的时候,也会送我一份很好的礼物。最伤感的是,在我收到这份礼物的时候,我知道自己要离开了。回想起来,那里美味的冰激凌、大龙虾还有老板店里超级赞的薯条,我还是会怀念。当然,我的厨艺也练好了。

时间过得很快,渐渐地九月来临,是时候要离开了。我在美国认识了最好的朋友——一个罗马尼亚的女孩子。她长得超级漂亮,也总喜欢教我很多英语,然后跟我聊天。我尽我最大的努力去跟她沟通,而她也努力地倾听,然后给我很多的建议。每天我除了上班,就是等她来上班,然后谈天说地。她很爱学习,总是问我中文,总是给我画很多超级可爱的小动物。她总是在我旁边跟我一起面对所有的事情,陪我一起喜怒哀乐。离开的时候我没有哭,因为我怕我哭了她也会忍不住,所以选择了坚强。她跟她男朋友一起来送我,我十分舍不得他们。

就这样,我离开缅因州开始旅游了,我们先后到了波士顿、纽约、华盛顿、旧金山、洛杉矶以及拉斯维加斯。旅游的快乐是不言而喻的,每个城市的文化都各有不同,而相同的一点是我们总是能遇到热心帮助我们的人。虽然钱是花了不少,但是这趟赴美带薪实习中得到的东西,让我觉得不虚此行。

中国小女孩的国外奇遇记

李晓然（2013 级，经济学院，统计学专业）

实习地点：缅因州

舍得，只有先舍一些东西，你才会得到另外一些东西。

在 6 月 9 日这天，我拿着一个 26 英寸的行李箱及护照出发了。毕竟是第一次出国，还是自己一个人，万一外国人听不懂我在说什么怎么办？虽然有很多的担心，但我决定还是要坚强地走下去。三个月的时间不长不短，我交了很多外国朋友，还认识了和我一样去相同地方实习的四川同学。所有的所有都是满满的回忆。

时差的异同

因为区域的不同，美国时间比中国时间晚 12 个小时，也就是和中国黑白颠倒。我到达美国时，美国时间是下午 3 点，而中国是凌晨 3 点，因为担心打扰到家人休息，也就没有立即和家人联系。直到我到达我住的地方，是美国当地时间晚上 11 点，而中国是上午 11 点，正是联系家人的好时间。所以，我及时告诉家人我平安到达了目的地。因为时差问题，我睡了两天，倒时差真的很难受。

见面礼仪

在美国，人们遇见的时候，会主动介绍自己，然后会和你拥抱，有些甚至会亲吻脸颊。当我向他们介绍我来自中国，他们会很友好地和我握手，然后说："Nice to meet you, Yulia."Yulia 是我的英文名。

食物的异同

在中国，人们是以米饭、馒头为主食，但在美国，我就天天吃比萨、沙拉、面包，想吃米饭都要自己动手做。刚开始到美国时候，因为心里总会用人民币去估算，所以每次去点餐，首先就会查看价格，太贵的都不敢点，因为舍不得。

商品交易

在美国餐厅吃饭,你千万不能忘记一件事,就是给小费。给小费是对服务员的肯定和尊重。在我工作的店里,顾客基本上都会给小费。也有一种说法,最能体现一个人的素质的就是他对待服务员的态度。作为服务员的我,有时候也是这样想的。如果顾客常和你说"Hi. How are you? Yes, please, thank you",你的心情也会大好,你也更愿意为他们服务。

住宿

也许是因为我去的是一个小镇,也许是因为地广人稀的原因,那里没有高楼大厦,最高的楼都只是3层。我住在名叫Sundown的旅社,因为老板和房东长期合作,所以对于我们员工,一周70美元。我住的是3人间,一位舍友来自意大利,一位来自西班牙。房间里什么都有,包括空调、冰箱、微波炉,感觉就像一个家。我们的厨房是公共的,所以大家有时间时就会聚餐,开party。当我有时间的时候我会为大家做中国菜,大家都喜欢吃。回国后我发现自己手艺比原来好很多,因为只要有时间我都会自己做饭。

娱乐时光

在中国,只要有时间,几位朋友相约就会去KTV唱歌,去慢摇吧。在麦基诺小城,没有KTV。我也问过美国的朋友,她们说KTV唱歌在美国不流行,她们有时间只会去某位朋友家中或慢摇吧开party。在舍友的邀约下,我也和她们一起去慢摇吧玩了几次,气氛和国内的也相差不大,但外国人始终属于开放类型,所以头几次和他们去的时候都会很害羞。如果是白天有时间,我们会一起打篮球,外国人比较喜欢打排球和踢足球,无论男女都非常喜欢。晚上的时候,外国朋友也会相聚在院子里。房东会给大家挂上彩灯,然后会有外国朋友拿着吉他弹唱。我们围在一起,吃着一点零食,说说笑笑。

消费观

在美国,每个人都有AA制消费的观念,没有人会轻易请客。即使在结账的时候,下一位是你的好朋友,他也不会主动帮你付账。无论买什么都是AA制,而且这种思想是从小时候就开始培养。有一天店里来了一家三代人买东西,孩子自己付自己的,父母付自己的,爷爷奶奶付自己的。

领悟

一是坚持。这次出去,我把它当作一次学习的机会,学习人与人之间的相处方式,学习老板管理员工的方式,学习别人的工作态度。虽然在这个过程中你会受委屈,会遇到困难,但只要你坚持,一切都会过去。二是舍得。这是我最喜欢的名词,只有先舍一些东西,你才会得到另外一些东西。这次出去,我错过了或者说失去了很多东西,但我不后悔,因为我得到了很多,得大于失。

如果还有机会,我会再次参加。想要遇到优秀的人,只有自己先优秀!

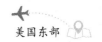
宝贵经历

张　瑾（2014级，应用技术学院，汉语言文学专业）

实习地点：新罕布什尔州

完成任务时，才发觉自己已经变得比以前坚强，就连体格都比以前健壮了。许多体验都是自己的宝贵经历。感谢暑期实习让我认识了许多朋友，也学习到了许多实践知识。

当我得知学校有赴美带薪实习的项目时，我毫不犹豫地报名了。也许在很多家长和学生看来，这是挺冒险的，但这也是一次难得的机会，需要鼓起很大的勇气去接受这次挑战。只要有决心去完成一件事，什么困难都不是问题。我工作的地方位于美国新罕布什尔州的胡德尼斯市，这里夏季凉爽，是许多美国人热爱的避暑胜地。我的工作在餐馆厨房。我的工作一个星期不能超过40个小时，如果超过了就相当于加班，我每个小时的工资是7.25美元。在一个陌生的环境下工作，在这个要与客人交流的岗位上工作，自然而然使我很紧张。但是在经过两个星期的磨合后，我完全适应了这份工作。在工作期间，我会比当地员工勤快一点，专注一点，醒目一点，少说话多做事是我的工作原则。在国外工作，在文化思想方面会有很大的差距，在工作时需要留神什么该说什么不该说。有些时候难免有点冲突，也只能一笑而过，这也是一种提升忍耐能力的方式。

刚到国外还是需要一点时间来适应时差和环境的。这里的生活环境挺不错的，生活所需的工具基本都有，比我们预想得好多了。衣食住行这些方面都需要我们一步步突破，慢慢去习惯和体会。此次赴美之行，我收获最多的应该就是英语水平的提高。还记得刚到这边的时候，我很不适应这边人的口音，有过许多次需要对方重复我才懂。我自己经常犯语法错误，许多东西我无法用英语表达清楚，经常让雇主和朋友哭笑不得。不过他们都很有耐心，有时候还会放慢语速。跟他们聊天，我一点压力都没有。我不知道自己是否有很大进步，但是我现在起码能明白对方所表达的意思，学会了不少词汇，口语也有所提高。

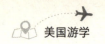

　　在结束了三个月的工作之后,我花了一个月时间旅行,从波士顿出发,沿着美国东海岸,途经华盛顿特区和纽约市,一直到东南部的迈阿密,又坐飞机直飞洛杉矶,去拉斯维加斯,转北去往旧金山。一路上看尽风光,欣赏了壮丽的风景,感受到了多彩的文化。

　　我一直觉得四个月的时间过得飞快,一开始还怀疑自己是否能坚持下来。但是,当我完成任务时,才发觉自己已经变得比以前坚强,就连体格都比以前健壮了。许多体验都是自己的宝贵经历。感谢暑期实习,让我认识了许多朋友,也学习到了许多实践知识。回国以后我感觉已经告别了拖延症,每天会按时起床,想做的事立马就会做,不会拖延,也不会畏惧以后人生路上的困难。

带薪实习的感悟

程蒙蒙(2013 级,管理学院,市场营销专业)

实习地点:新罕布什尔州

人生路漫漫,我会更加坚定地去追求更加精彩的人生。

赴美带薪实习的机会让我实现了继赴台湾省学习交流之后的第二次远行之梦。记得大一时我在日记本上写过这样一段话:"知识要努力学,课要好好上,青春要好好珍惜,梦想要坚定坚持。"感谢学校为我们创造此次珍贵的机会,感谢家人对自己的支持,也感谢善于抓住机会的自己。

生活 360 度大翻转。去任何一个新的地方,困难和收获都是成正比的。适应新的生活是我面对的第一个难题,时差、饮食、住宿、文化、语言的适应难度都是在国内不可比较的。一天三顿汉堡或是沙拉催促着人的体型的改变,勉强能够满足日常生活需求的中国式英语,住宿在郊区没有交通工具即使想买瓶水都需步行半小时的不方便,种种困难让人应接不暇。但我也坚信一句话:"人的潜能是被激发出来的。"饮食不习惯就开始试着自己买食材做饭,一两次不好吃,次数多了厨艺就好了;英语不好就尽可能地模仿当地人的语音语调,不怕羞涩地交流,慢慢听说能力也就提升了;时差问题找对时间和家人联系也就有了安全感。

此次在美国的工作不似在国内假期的兼职,可以调节自己的时间,此次三个月工作是切实地把自己的身份转换为一位职业人。我的工作单位是麦当劳。麦当劳是美国最大的快餐连锁企业。在麦当劳工作最大的特点是一个字——"快"。起初一个月工作时由于学新技能的新鲜感和争做好员工表现力的激情,每天工作八小时无休也没有疲惫感。当熟练掌握了应备技能,熟悉了工作环境和工作的专用术语,新鲜感消失后,工作的积极性也渐渐消失了。这也许就是当下年轻人惯有的三分钟热血的特点吧!但生活就是一场漫长的马拉松赛程,人生的精彩不在于短暂的激情,而是在平淡的生活中持之以恒地把生活过得有声有色。成功的关键在于把简单的事情重复做,精益求精。三个月的工作让我提升了英语的同时也学会了在职场中恰当地处

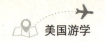

理人际关系,学会了团队协作,学会了更好地沟通。

美国之行,增长了我的见识,开拓了我的视野,增强了我的能力,提高了我的英语水平,增强了我的爱国之情,让我有幸在最美好的年华有了不同的人生经历,同时在异国他乡不断地在挑战中发现自己的不足与提升点,在接下来的学习中更加努力地提升自己的能力,不畏困难地迎接更多的挑战。人生路漫漫,我会更加坚定地去追求更加精彩的人生。

来自太平洋上方的问候

王路艳（2013 级，外国语学院，英语专业）

实习地点：新罕布什尔州

再见，有些人或许永远也不会再见。

2016 年 6 月 12 日，我开始了去带薪实习之旅，至今想起来都觉得像是一场梦一样。

到达波士顿机场是在想念着小锅米线、烧洋芋、重庆小面的情况下吃完那个汉堡的，通过一路上询问终于到达了自己后来生活了三个月的住处——Hemlock。接下来就是倒时差的过程。因为还没有开始工作，白天闲着就是睡觉，经常夜里三四点大家坐在客厅聊天。终于到了 15 号，去公司进行一个简短的培训。签好合同之后第二天就开始工作。

我的工作是操作员，其实就是在新罕布什尔州一个类似于游乐场的地方工作，有各项娱乐设施，协助客人游玩。从此以后生活就相对规律，早八晚六，其实还挺好，工时也足够，因为一开始就担心自己工时太少并没有多少收入。第一天工作真是亢奋，干什么都特别积极，每次遇到客人都热情问好。在美国大家见面第一句都是"How are you?"或"How are you today?"我觉得简直跟中国一见面就问"吃了吗"是一样一样的，中国极其重要的吃文化啊。雇主 Kyle 教我们如何做每项工作。我的工作基本是到处流动，会在那个缆车基地检票，帮助客人放好安全杆，有时候顾客需要存东西就帮他们存。然后就是上五天休两天，从此规律起来。每天早上公司的班车会去接我们，然后直接到工作的地方，晚上又送我们到住的房子。最重要的要数我们可爱的室友了。是的，从来没有想过会和这样一群人遇见，从陌生人到无话不说的好朋友，室友来自各省，台湾省的四个小伙伴刚去就展示了他们的厨艺，我也是吃到了台湾风味呢。这群人真的是我去美国最大的收获之一啊。每天大家一起上班，晚上回家休班的人就会做好晚饭等着我们回来，自己做饭也真是棒，不用每天都是汉堡薯条，所以说独立生活真的是能挖掘一个人灵魂深处的厨艺啊。几个不会做饭的小伙伴到后来个个厨艺精湛。晚上吃

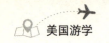

了饭大家就在一起聊天玩游戏,慢慢熟络起来。

到了休班的时候,和小伙伴约着去了附近的沃尔玛,从一开始的一大把各种面值的硬币放在手心让收银员挑到基本上能够分清各种面值,然后每次购物都是囤很多很多的东西,从生活用品到吃的青菜、水果、零食。大家在休息的时候约着去河边玩,工作的地方发门票给我们,然后我们自己也可以去玩各种娱乐设施,有从工作人员到顾客的感觉。和当地同事熟络起来后会邀请他们来家里开 party,他们会带着自己做的东西,然后我们也会准备一些食物。一开始讲英语其实还是挺不习惯,怕出错,到后来能基本跟当地人交流,能打当地银行或者其他客服电话交流,环境真的是很重要,尤其对于一门语言的学习而言。

一转眼三个月就过去了,要分别的时候大家在车站哭成泪人。我跟一起工作生活三个月的室友早就培养了深厚的感情。再见,有些人或许永远也不会再见。然后开始了旅游,去波士顿参观了哈佛和麻省理工,还去了一些地方,然后就静静地等着回来。

一段很值得的实习体验

李金壁(2013 级,外国语学院,英语专业)

实习地点:新罕布什尔州

带薪实习的日子就像梦一场,是一个美丽的梦。

2016 年 6 月,我参加赴美带薪实习项目,赴美国生活了三个月。

才到 Hemlock's House 的时候,房子的 WiFi 还没弄好,人没到齐,很冷清,我们也没什么吃的。当时真的很难受,想着接下来的三个月要怎么熬,想家的情绪涌上心头。后来隔了几天,室友陆续到齐了,房子逐渐热闹起来,也都准备好去工作。到 Attitash 上班的第一天,我们都充满了工作热情,大家都很卖力地工作。一天过后,都累得不行。一开始我的工作是操作员,就是协助客人操作各种游乐设施。第一天我在基地工作,负责指挥客人乘坐缆车。带我的人叫 Mike,他六十岁左右。后来的几天我也是在基地工作,发现客人大都很有耐心,很有秩序,而且很有礼貌,每次都会跟我说"谢谢",和国内很像。过了几天后我换到了高空跳跳床工作,负责帮客人系安全带,然后协助他们玩跳跳床,来这里玩跳跳床的大多是小孩子,那些小孩子可爱极了!每天就算工作很累太阳很晒,但只要看到那些小孩可爱的脸庞和笑容,就会觉得很温暖。在室外工作了一个月左右吧,一个在室内工作的男生说他想要到室外工作,因为那样可以认识更多朋友,问我愿不愿意跟他交换工作。我同意了,于是我接下来的工作就变成了收银员。我的工作除了收银以外,还要做冰激凌和奶昔,我觉得很有趣。第一个跟我一起在冰激凌店工作的是 Emily,她是一个十七岁的美国女孩,有着很甜美的笑容,很温柔。她说期盼到中国旅游。我真的很喜欢在冰激凌店的这份工作,我喜欢每做好一个冰激凌时的成就感。可是时间总是在不知不觉中流逝,当 Emily 跟我告别的时候,我才意识到我们离工作结束已经不远。后来的时间总是有人跟我告别,每次我都觉得很伤感,感觉才说完"Hi. How are you"就到了说"Goodbye, take care"的时刻。那段时间我最怕听到的话就是"never gonna see you again"。三个月的时间很快就过去了,但留给我的却是永恒的记忆。

　　带薪实习的日子就像梦一场，是一个美丽的梦。短短三个月，我所学到的却是大学三年都学不来的。这是一段很值得的实习体验。我很庆幸我参加了这次实习，也会把这段回忆好好珍藏。

努力，收获

金　纬（2014 级，外国语学院，翻译专业）

实习地点：缅因州

> 不一样的风土人情文化，让我开了眼界，同时也让我也感受到了中西文化的差异，更加热爱中国文化。

2016 年初我通过学校的宣传了解到了此项目，抱着提高英语水平的初心毅然决然地选择报名参加此项目，现在回想起来是一段令人难忘且值得珍惜的经历。

当年 6 月初，我登上了去纽约的飞机。刚下飞机，眼前的一幕让我感到如此陌生，清一色的英文让我感觉到紧张却又迫不及待去了解这一切事物。

文化的差异与冲突让我瞬间有点措手不及。慢慢地我来到了工作的地点——克莱德港，一个盛产龙虾与蓝莓、因灯塔的历史而著名的旅游地。沿海小镇一切的一切对于生活在内陆城市的我而言是那么不一样。我的工作是帮厨，主要工作内容就是在一家叫作 The Dip Net 的海边美式餐馆帮助厨师，比方说洗碗、做一些简单小吃、洗菜切菜、收拾整理。对于很少干活的我来说这是一个极大的挑战，因为空间限制餐馆后厨没有洗碗机，所有的碗碟都需用手洗。我们的老板，也就是厨师，是一位菲律宾男士。他对我们都要求很严格，一个月左右时我向老板提出换工作的要求。他是一个挺好说话的人，理解到了我的难处，帮我换了一个工作，让我在酒店做客房管家。

生活方面，有来自土耳其的同事，他们是非常有趣并且很好相处的人。工作的地方有篮球场，我们会一起聊天、运动，一起谈心。在这些过程中我极大地提高了自己的英语水平及词汇量。有了大家的陪伴我觉得工作的时间过得很快，生活也充满了乐趣，我们互相之间建立了非常深厚的友谊。每周老板会带我们去逛一次超市以补充一个星期的食材。提供的住房包含厨房，我们需要做饭给自己吃，在这个过程中我提高了自己的生存和独立能力，厨艺也大有进展。

感受方面，从接触到的工作中学到了很多生活技巧，对于我来说最重要

的是在纯净的英语环境中提高了我的英语水平。工作上虽然每天都很累，但最后还是坚持了下来。

工作结束后，我开始了旅行。我从波士顿到西雅图，然后到旧金山，之后又到菲尼克斯，最后到洛杉矶，在整个旅程中欣赏到无数名胜古迹。不一样的风土人情文化，让我开了眼界，同时也让我感受到了中西文化的差异，更加热爱中国文化。

整体来说，我收获最大的就是提高了我的英语水平，从最开始的不敢开口到后面的沟通毫无障碍，结识了一大堆来自世界各地的朋友。感谢我的sponsor，也感谢云南民族大学。

感受更大的世界

陈思敏（2013 级，外国语学院，英语专业）

实习地点：马里兰州

今年的 6—9 月对我来说意义非凡，发生了太多让我感动的事，感谢老师们，谢谢您给我这个机会，到外面感受不一样的人生！

2017 年 6 月 11 日，我踏上了赴美带薪实习之旅，从昆明长水机场出发，转了三次飞机，抵达华盛顿，后又乘坐 E-point 巴士前往目的地。

在大洋城安顿下来之后，我开始尝试着自己去找超市购物，自己学坐这边的公交车。经过 10 天的学习，我就已经能够照顾好自己在这边的饮食起居了。

后面休息了几天之后，我便开始了我的工作——大堂经理。我是在希尔顿酒店做晚班的大堂经理，我住的地方离这家酒店很近，步行只需要七八分钟就可以到达。更让人开心的是，和我同住在一个房间的其他三个中国女孩也都是和我一起在希尔顿酒店工作。

工作的第一天，我的经理便安排我和一个墨西哥女孩一起工作，她英语很好，做事很认真，人也很好。我做事有些笨手笨脚，她一直很耐心地教我。等到休息的时候，所有同事聚在一起吃晚饭，聊天。刚开始我有些茫然，不知道如何与外国人聊天。不过通过长时间的相处、交流、磨合，我便轻松了很多，也渐渐地爱上自己接下来三个月要从事的工作。

后来，我很幸运地和我的中国室友分配到了一起工作。我和她来自同一所大学，到了美国又住在同一间宿舍，然后又可以每天都一块工作，一起上班，一起下班，这真是缘分。刚开始工作的第一个月，我们每天都会遇到一些问题，然后我们每天都在不断地学习怎样解决问题、怎样能将工作做得更好。后来渐渐地发现我们已经能很轻松地解决我们工作中遇到的大部分问题了，也会有领导表扬我们工作做得好，那时候便觉得所有的付出都是值得的。

接下来让我说说这三个月发生在我身上让我印象比较深刻的几件事情吧。

第一件事便是刮台风那天我们宿舍的几个中国女生和我们在这边遇到的几个马来西亚的华人相约一起煮火锅和做布朗尼蛋糕。

那天下了很大很大的雨，我们约定好要在晚上6点的时候在宿舍煮火锅，后来因为雨太大不得不改到晚上9点。一起吃一顿火锅一直都是大家的一个共同愿望。因为大家平时很难有机会凑到一起，而且那几个马来西亚华人他们住的地方没有厨房，平时他们都是要到餐馆买食物，所以能用厨房做东西吃也是他们一个愿望。他们负责买食材，我们负责清理厨房，准备火锅汤底。人到齐了，东西也买齐全了，然后开始准备做火锅。一个人削土豆，一个人切洋葱，一个人忙着切肉，一个人忙着偷吃，还有忙着偷拍和自拍的我。大家都在厨房忙得热火朝天。经过一番折腾，我们终于把火锅做好端上桌子了，一锅清汤海鲜的，一锅川味麻辣的。外面下着雨，我们在房间里喝着小酒，吃着热气腾腾的火锅，聊天，唱歌，大笑。那一刻，我所有的烦恼已经全部忘掉了。什么减肥，长痘痘呀，全都不重要了，我只记得那天笑得很开心。

饭后大家一块去海边散步，拍了照片，玩了游戏。差不多到凌晨一点了，太晚了，是时候说再见了。这一次聚会，其实也是给我的两个中国室友饯行。因为她们都要离开大洋城了，真的很舍不得她们，再见了，我的朋友们。

第二件令我怀念的便是和我的两个中国室友一块旅行了，我们去了波士顿和纽约，去了哈佛大学、耶鲁大学，吃了波士顿龙虾，坐了鸭子船，最后那天去了纽约的时代广场。最后要分别的那几个小时，我们没有选择赶着去多看一个景点，而是选择静静地坐在了时代广场中央，看着川流不息的人群，看看时代广场从天亮到天黑，所有的广告灯全部打开，然后向彼此诉说着自己的心事，最后我们终于彼此说了"再见"。他们回了中国，而我继续在大洋城工作。

接着便是最让我感动的一件事了。由于之前我生日的时候和室友出去旅行，所以没有庆祝生日。我的同事Gigi知道后，便为我准备一个巨大的惊喜。那是发生在我做二工的洗衣房的事。那天我在打扫房间。我看到洗衣房的灯熄了，还没反应过来，以为是灯坏了。接着我便看到Gigi端着一个蛋糕从办公室走出来，所有的同事还有经理、我的老板和他的妻子都在唱

"Happy birthday to you",那一刻觉得我明年有机会一定还会再一次来大洋城看他们的,因为我太爱他们了!

今年的6—9月对我来说意义非凡,发生了太多让我感动的事,感谢老师们,谢谢您给我这个机会,到外面感受不一样的人生!

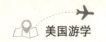

接触美国文化

王靖棵（2014 级，外国语学院，英语专业）

实习地点：缅因州

> 我从中磨砺成长；增长了见识，也提高了为人处世和应急的能力；锻炼了自我，也收获了友谊。感谢一切。

这个暑假在父母的支持以及老师的帮助下，我参加了赴美带薪实习旅游项目，顺利完成了实习。美国暑期带薪实习旅游项目，是国际青年学生交流活动之一，专门为 18 岁至 28 岁的大学生及研究生设计。学生在美国实习期间，可以从事短期性工作获取收入，来实现学习语言、建立友谊等文化交流目标，在赚取薪资后，再用它支付到美国各地旅游所需的费用。参加带薪实习旅游的学生可以持 J-1 签证赴美，签证期为 4 个月。学生可以从事的短期性工作最长为 3 个月，工作完成后，尚拥有 1 个月的合法停留时间，可以在美国观光旅游。

2016 年 6 月 6 日，我从昆明长水国际机场出发，经转香港国际机场，经过将近 20 个小时的飞行终于到达纽约。之后我在纽约停留了两天，后乘坐灰狗巴士 12 个小时到达了我工作地点——位于缅因州的克莱德港口。因为签证上的工作时间还没有到，我在那感受了几天悠闲、安静的生活。早晨拉起百叶窗便可看到大西洋、零零星星的船只以及港口的全貌。

开始工作的第一个月，工作强度递增，且休息日没有车子，也没有其他地方可去。我渐渐地开始习惯，也没有了新鲜感，而厨房里辛苦的工作和压抑的气氛也让我们窒息。有两个小伙伴选择了换工作，但我没有换工作。我总觉得我可以做点什么来改变现状，更换工作不是唯一的选择。事实证明，我留下来是正确的决定。接下来的日子里我不仅学习到了很多有用的英语用法以及技能，还收获到了友谊和肯定。最后走的那天没有想到平日里不爱说话的主厨给我做了一份特别的午餐。我还收到了很多当地朋友的礼物和信件。同住的美国舍友竟然哭了，送给我了两碟我曾经和她一起看过的《芝麻街》。

总之，这次的美国实习和旅游虽然一路坎坷，但是我却从中磨砺成长；增长了见识，也提高了为人处世和应急的能力；锻炼了自我，也收获了友谊，使我更加为祖国而骄傲。感谢一切。

磨难,成长

陈思璇(2013级,东南亚学院,马来语专业)

实习地点:新泽西州

有时候所有磨难,来得刚刚好。有时候这些经历,一定会成为我在未来前行的伴侣。

昆斯伯里、格伦斯福尔斯、纽约、华盛顿、波士顿、芝加哥、圣地亚哥、洛杉矶,把这些地点做成光标放在地图,只是像光点一样的存在,却是我这4个月的时间里生活的地点。我的工作地点是六旗主题游乐园。每份工作一定包含了酸甜苦辣,也是它们让我们的生活有了笑点和泪点。

第一天的培训,看到自己即将和来自那么多国家的人一起工作,真的感受到了多元文化的融合。所有人都互相打招呼,互相试着了解。刚开始工作的时候,发现美国人饮食中有很多我们都没有见到过的东西,客人点餐时自己也遭遇了小小的尴尬,还好身边的工作伙伴很耐心地告诉我们。每天都能见到很多小孩子,他们超级天真的笑脸、真诚的眼神,都让我们有时候想免费给他们东西。

旅行,其实是自己当时参加这个项目的主要原因,甚至在工作的间隙,也必须和小伙伴们辛苦地昼夜赶路。

纽约,繁华都市的代表,"911"沉痛的历史纪念一直保留着。但或许就是因为繁忙,这儿的人很少有停下来和你深入交谈的时候。

波士顿是个精巧的地方。在哈佛和学霸们交谈,外籍的学生纷纷都用"可爱"来形容它。圣地亚哥,去了海洋公园、动物园、野生动物园,墨西哥的食物也深深圈住了我的胃。洛杉矶,这是一个充满年轻活力的城市,环球影城、迪士尼冒险乐园,把童年中那个童话王国栩栩如生地刻在我的脑海里。

很多小伙伴让我用一句话总结这个假期。我感觉,这是一个说走就走、走了太多地方体会到太多不同的假期。当时只是心血来潮听了讲座,第二天便和父母说我要去的计划。我突然懂得,原来你给生活一丝出其不意,生活会还你一个精彩的未知。尽管有时候还会因为高中考上却去不了的那次留学而伤心，但谢谢妈妈，我相信您告诉我的那句话："错过的属于你的东西，它依然会回来，不论它以什么形式。"这么几个月下来，心里永远都是暖暖的，因为爸爸妈妈的支持真的太贴心。越旅行，就越想走遍自己想去的所有地方。但去的地方太多，不如把一部分留作下次出行的另一份地图。现在估摸着算，自己一直都是坚决执行自由行计划走下来，不报团计划胜利！住过青旅，住青旅能够遇到来自世界很多地方的人，看到的东西与书本上的并不一样。住过假日皇冠，低调奢华有内涵。当然更少不了住在机场，每次住机场不靠和别人聊天撑下来的话，你就可能真的在飞机飞走的时候还愉快地睡在椅子上。最后回国在机场的一夜，突然超级想祖国，还好回家近在眼前。有时候所有磨难，来得刚刚好。有时候这些经历，一定会成为我在未来前行的伴侣。

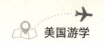

踏上实习之旅

金　航（2013 级，应用技术学院，英语专业）

实习地点：新泽西州

人不仅要读万卷书，更要行万里路。

2014 年 6 月 15 日。经过一个月的准备，我们踏上了实习之旅。我不知道前方会有怎样的经历，或幸福或痛苦。既然所有的一切都是未知，那就让我们把焦躁的情绪放一边，先往幸福的方向去吧。

我们在深夜踏上了曼哈顿的土地，带着满身的疲惫，拖着沉重的行李箱，寻找灰狗巴士前往六旗。初来乍到，啥都不懂，在深夜里我们吃尽了苦头，被黑车司机骗，一路坎坷，最后好心的巴基斯坦司机把我们送到了工作地。接下来的时间，我们和一身嘻哈风的房东见面，搬入我们的小阁楼。我们被安排到了主题公园里上班。在这里，我们得学会自立，我们学着自己做饭，自己规划下班后的时间。我深深地感受到了自立的重要性。当你远离一切你熟悉的人和事的时候，当你有苦无处倾诉的时候，你必须学着自己为自己做一顿美味菜肴，开心地吃下去，继续明天的工作和生活。然而成长就是这样悄无声息，我就这样长大了。

感慨实在太多，我先来说说自己的工作吧！我在层层测试和培训后，成功地成了乐园里的收银员。我怀着焦虑的心情上岗，和不太熟悉的美元打交道。一开始，自己连问话都问不清楚，尤其害怕记美国奇怪的食物菜单，害怕弄错钱和食物……一系列的恐惧在新加坡和泰国朋友的帮助下逐一克服。我自己都不敢相信，自己竟然慢慢地变得自信了，敢开口说英语了。作为英语专业的学生，我本觉得自己英语不赖，可是有时候还是会不理解别人在说什么，深深地觉得自己的英语需要改进，自己在学校的学习方式需要改进。几个月的工作让我不再畏惧语言，不再和人刻意保持距离，变得随意自然。经常和我在一起上班的 Shanrow，为了给自己买车，在暑假里做了两份工；Cathay 为了缴学费而自己努力赚钱……生活始终是自己的，自己创造的始终是最好的。工作中不乏对中国文化感兴趣的外国人。当我给别人讲述中国的时候,我真的为自己祖国的繁荣昌盛而骄傲。这也促使我好好学英语以便了解更为广阔的世界。

工作之余,最为幸福的就是购物。我们花着自己挣的钱,给朋友、家人买着各式各样的礼物,也为自己的改变投资。最后,来说说我的旅行吧!我一路从多元化的纽约到学术氛围浓厚的波士顿,再到历史感厚重的费城,感受着时尚和历史的熏陶……我也曾穿越了西部的原野,驻足于旧金山的双子峰、洛杉矶的优胜美地……一路向西,我和小伙伴玩得很开心,一路上的驴友也让我开阔了眼界……所有的一切在九月末戛然而止,因为归期到了,我还有更为重要的学业要完成。

四个月的体验远远胜于我大学一年所学的知识,我也更深刻地明白,人不仅要读万卷书,更要行万里路。

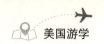

实习印象

杨志娟（2013级，东南亚学院，老挝语专业）

实习地点：宾夕法尼亚州

那段日子认识的人，经历的事，都是成长。

2014年暑假我参加了带薪实习，6月13日从浦东机场转机芝加哥，再转机匹兹堡，当地时间晚上9点多终于到达。不得不提一下，还好我有个非常好的老板，那天他们来接我，不然刚下飞机行李"失联"的我真的不知道该怎么办。还好老板来带我做了登记，告诉我别担心，然后驱车一个多小时到达工作的小城，给我安排好各种生活必需品，没被时差影响的我很快就洗洗睡了。第二天中午我"失联"的行李箱就送到了我的门口，简直是惊喜！

因为对环境的不熟悉经常要四处问路，但是不管碰上路人或是正在散步的老夫妇，一句"Excuse me"，他们一般会耐心并且尽其所能地来帮助你，临了还会给你一句祝福。所以一开始虽然不太习惯这边的生活，但也很快适应了。

带薪实习的三个半月是我人生第一次真正意义上的独立，第一次离开亲人朋友，在地球的另一边工作生活。在出发之前我已设想好了最坏的情况，做足了心理准备。学会更成熟地处理问题，学习新的文化，不要半途而废，这是我出发前对自己的要求。我工作在Shenango Vally RV Park。工作不难，也不辛苦，氛围也很轻松，在那里可以接触很多人，也认识了很多朋友。

等待了三个月，终于等来了旅行！从纽约到费城、华盛顿、尼亚加拉、波士顿，看了大瀑布、战争古堡、千层峡谷、漩涡公园，还去长岛法明代尔开了飞机。

一切都结束了。这一段异国独自度过的称不上圆满算不上完美却又不是孤独度过的日子，已在生命中画下了重重的一笔。那段日子认识的人，经历的事，都是成长，说不上到底对自己产生了什么影响，却又无时无刻不在影响着我。

去国外体验一下生活

余　艺（2013 级，外国语学院，翻译专业）

实习地点：缅因州

通过这次实习，我相信在未来的日子里我都会更加得心应手。

　　因为学校有和美国合作的实习项目，再加上我自己很想去国外体验一下生活，所以我参加了学校暑假赴美带薪实习的项目。我的实习地点在缅因州 Boothbay Harbor 小镇的一个海鲜餐厅。实习时间是六月份到九月份。工作非常多样，需要在早上做好各种准备工作，在客人来时去点单，还有收银工作等等。

　　我住在一个叫 Mary Ann 的老奶奶家里。她家在 Ocean Point 路的路边，门口是一大片草坪和大梧桐树，房子两层楼，很干净明亮。她为人很干练，很独立，同时很乐于助人，会给我们烤蓝莓派吃，带我们去超市，下雨的时候开车送我们去工作，还热心给我们提供各种需要的信息。一起工作的同事都来自世界不同的地方，有美国本地人、牙买加人、土耳其人、罗马尼亚人，还有保加利亚人。在工作的地方，我交到了两个土耳其朋友：一个女孩和一个男孩。女孩是我的室友，男孩会经常来我们家，我们一起喝土耳其茶，吃土耳其点心，坐在桌子上一起讨论不同的话题，偶尔还会一起玩辩论之类的游戏，他们对中国的飞速发展很钦佩。没事的时候，我也会约着他们一起去公园散心，一起去 Icecream Factory 吃冰激凌。我还和他们约好了，两年之内一定会去土耳其找他俩玩。这应该是我此次实习最大的收获之一。我们一起工作，开着无边无际的玩笑，常常笑得肚子疼。我还学会了几句土耳其语，有一次遇见土耳其客人，我还派上了用场。以前从没工作经验的我，第一次工作的时候，肯定是既觉得新奇，也觉得害怕。但是大家都教得很有耐心，所以也慢慢从羞怯变得越来越自信大胆，跟客人打招呼的时候也越来越自然。我不再害怕犯语言上的错误，因为大家都很宽容。同事之间相互合作，相互关心，工作的氛围非常愉快。我经常在清晨去小镇的公园里看书，也经常傍晚出门跑步。

　　在工作后期，因为对旅游的渴望，所以总是希望快点结束工作。但是后来我告诉自己，不能因为对未来的期待，就懈怠眼前的时光。所以我重新打起精神，认真工作，开心享受每一天。通过这份工作，我的英语表达能力有了很大的提高，也学会了如何和同事以及老板相处。总之，收获特别大。我相信在未来的任何工作中，我都会更加得心应手。

弥足珍贵的回忆

乐晓朋（2016级研，外国语学院，英语专业）

实习地点：北卡罗来纳州

带薪实习的点点滴滴，都将是自己弥足珍贵的回忆。

时光飞逝，转眼三个月已经过去。

参加这次带薪实习的初衷是想借工作实习的机会去国外看看，体验国外原汁原味的文化，参观各种博物馆，希望这番经历能对自己以后的人生有帮助，因而也不惜放弃了其他的实践机会。三个月下来，经历了人与事后，觉得确实不虚此行，认识到了自身的不足，对待一些事物的思想观念也发生了转变，能更坦然地面对真实的自己，面对现实的生活。

时光倒流，想想当初为了带薪实习做了不少准备工作。从看到带薪实习的宣传开始，便通过各种渠道收集有关带薪实习的信息，最终毅然选择了报名参加带薪实习项目。接下来，开始为面试做准备。特地去外面的网吧，守着电脑，等待美国基金会的网络面试。当别人都在网吧里打游戏时，室友和我在用英语和面试官交流。

接着，面试结果出来了，是去北卡罗来纳州的一个海滨小镇上当超市的收银员。没有多想，便同意了这份职位。然后为去成都办理签证，做了一系列的文件准备，最后终于启程，一个人坐上了去往成都的飞机。第一次到成都，对这座城市的印象很不错，干净大方。顺利地拿到签证后，迅速地订下了来回的机票。5月底逐渐来临，行李收拾好，踏上了带薪实习的征途。

初到实习地，一切事物都充满了新鲜感。我开始自己买菜做饭，厨艺猛涨，尝试做了很多新饭菜，也在美国同事那里学会了做比萨，在室友那里学会了做水饺。我所在的小镇上黑人很少，基本都是白人。他们从附近的城市来到我们的小镇度假，在我们的超市里采购度假所需的物品。

即使是这么一个小超市，即使老板与老板娘不在的情况下，同事们对这个超市也是抱着认真负责的态度，也不会投机取巧去偷懒或者占下小便宜。大家并不认为在小超市工作有什么低人一等的地方，相反，大家都在努力地

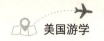

去工作,生活态度积极阳光。

　　一切经历,皆为收获。工作有苦有乐,同事给了我们很多生活和工作上的帮助,生活里增添了许多色彩。不管怎么样,带薪实习的点点滴滴,都将是我弥足珍贵的回忆。

生活中的酸甜苦辣

司晗琪（2016 级研，外国语学院，口译专业）

实习地点：北卡罗来纳州

我永远都不会忘记落日下那平静的海。

2017 年 5 月 31 日，我坐上了飞往实习地点的飞机。十几个小时之后，我终于抵达了北卡罗来纳州。我实习的地方是一个叫作 Wee Winks Market and Deli 的超市，它位于一个叫作 Duck 的镇上。我的实习之旅就这样开始了。

在我到达了工作的城市之后，老板给了我两天的时间去熟悉周边的环境。终于两天后我正式开始了工作。第一天，老板带领我去熟悉了一下整个超市的运作程序、一些我需要注意的事项以及如何操作收银台，并在讲解后进行了简单的操作。在这种中小型的私人超市工作，我的工作不可能只是简单的收银，还有许多其他的工作也要做。比如，每周两次的上货，需要大量的人手。等运送货物的卡车停在仓库后面后，我们需要把货物搬运到对应的货架下面，然后拆开箱子把这些货物摆上货架。当然，摆货也是需要技巧的，比如新日期的货物要放在旧的后面。摆完货物之后，就要继续处理大大小小的纸箱子，我们必须把这些纸箱子撕平之后再扔到垃圾箱，这样就能节约空间。上早班的时候，必须要查报纸，挂超市外的旗帜，准备饮料区需要的冰块，这些都是开门之前必需的准备工作。当牛奶、鸡蛋等一些冷藏食物需要补给的时候，我还要进到 0° 的冷藏库去补货。

收银是个细致的工作，它需要你非常认真严谨。刚开始最让我头疼的就是去辨别美元的硬币了，一分，五分，十分，二十五分，着实让我头疼了好久。后来一位同事就用纸条进行了标注，贴在收款盒上，确实帮了我不少。刚开始的时候，因为不熟悉操作系统以及美元的硬币，我也经常出错，但是基本上在一周之后，我就很少出错了，还可以在不忙的时候和别人聊天。

这份工作非常无聊，也很辛苦，尽管没有什么复杂的人际关系，但是依然会有同事刁难你。所以我也更加清楚地明白：在什么样的地方工作，和什么样的人一起工作是非常重要的。这可能直接或间接地决定了你此段生活

的品质——快乐与否。

当然，我也努力为自己创造体验不同文化的机会，比如去工作在熟食区的同事家学习做比萨，而且去海边学习了冲浪。我也教同事如何制作饺子，虽然自己也不是很擅长，但是她仍很开心有机会学到这些。

短短的几个月，有文化冲突下的矛盾，也有跨越国界的温情，有阴雨天的乌云，也有蓝天白云刺眼的阳光，我永远都不会忘记落日下那平静的海。

收获和体验

郑银娟（2015级，外国语学院，英语专业）

实习地点：宾夕法尼亚州

通过这次赴美带薪实习，我结识了很多朋友和同事，提高了自身的英语口语能力。

实习目的：通过参加赴美带薪实习旅游项目，一边赚取生活费用，一边可亲身经历体验英语文化，同时还可以与其他国家的学生一起工作交流，在真实的工作与社会环境中练习使用英语，开阔视野，增长知识。对于一名英语专业学生而言，体验英语文化，把所学知识运用到实际生活中，训练口语应用能力，意义更加深远。

经过父母的同意，在学校学院各级领导及老师的支持帮助下，我的赴美带薪实习之旅变成现实。

工作生活

我所住的地方是 Bloomsburg 镇的一处学生公寓，环境、条件都还不错，从住的地方到镇上步行 10 分钟，可以买到简单的生活用品和一些吃的。工作的地方距离住的地方大约有半个小时车程，工作时间是早晨 11 点到晚上 10 点，有校车每天接送我们上下班。刚开始去的时候觉得工作时间过长，每天都非常疲惫，然而工作中碰到的有趣的人和食物最终取代了这种不适应，工作也逐渐走上了正轨。我工作的地方是一个游乐园，而我的工作是游戏管理员，负责组织顾客玩各类游戏。

每周二是我们的休息日，雇主会带我们去沃尔玛采购食物及生活用品，但是，我们通常利用休息日和同事一起出去玩，有时去其他游乐园，有时一起约着吃饭，顺路也采购生活用品及食物。在这个过程中不仅能体验当地的生活方式，也能与同事增进感情。

旅游

旅游是从结束工作前两三周就开始计划了。由于在工作期间雇主带我

们去过华盛顿，自己请假去过纽约，所以我便把旅游重心放在美国西部，与同行小伙伴一起订了一个旧金山—洛杉矶—拉斯维加斯的 5 天团。工作一结束就和小伙伴直奔纽约，在纽约停留一晚，然后经过 6 个小时的飞行抵达旧金山，开始了我们的跟团旅行。从东边到西边，3 个小时时差，人文风情、自然风景完全不同。

通过这次赴美带薪实习，我结识了很多朋友和同事，提高了自身的英语口语能力。

经历美好回忆

郭世炎（2016 级研，外国语学院，口译专业）

实习地点：宾夕法尼亚州

这次经历将会成为一段美好的回忆，被我永远珍藏。

在近 20 小时的颠簸后，我终于在 6 月 10 日到达了美国，开始了为期 3 个月的崭新旅程。我的雇主是位于宾夕法尼亚州的游乐园 Knoebels，是全美最大的免门票游乐园，至今已有 92 年的历史，而游乐园的名字也就是创立人的姓氏，现在依然由他的继承者们运营管理。

因为美国暑期很长，一般为期 2～3 个月，所以 6 月到 8 月也是游乐园最为繁忙的时候。而且因为淡旺季明显，雇员多是兼职，只是在暑期临时在这里工作，所以当地大学生、高中生等就成了雇员的主力军。雇主今年是第二次与 CIEE 进行合作，共招募了 30 多名国际生分配到各个不同的部门。我与其他 6 名来自中国、俄罗斯等国的国际生被分配到了游戏部门。该部门主要是负责乐园的游戏设施的运营，我们的责任是告知顾客游戏的目标、规则和奖品，并需要找补零钱，记录每天客户玩的次数、当天奖品赠予的数量。

最开始的几天，我们因为刚入职需要到各个游戏区轮转以熟悉游戏操作流程，所以主要是由美国同事指导。这期间一共遇到过 4 个美国同事，基本每个同事都很耐心、热情，详细地讲解应该如何操作这些游戏。在没有顾客光顾的时候，还可以坐着聊天。这个时候简直比听专八听力还考验人，各种专用的口语词汇、句型。最开始的几天，每次和他们交谈都感觉大脑需要飞速运转才能跟得上。等到基本熟悉工作流程与各个游戏之后，我们便需要独立工作了。

从这个时候开始，每天最开心的事情就是能遇到各种各样的顾客，大多数的顾客都很幽默，很开朗，因为来游乐园都是来寻找快乐的。很多顾客都会一边玩一边问你各种问题，或者跟你开玩笑。在游戏结束之后，不管有没有得到奖品都会礼貌性地对我们进行感谢。这期间我也发现了一个特别有趣的现象：美国父母对于孩子基本都是鼓励式的教育，游戏的时候，父母都

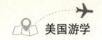

让小孩自己尝试，孩子一般也不主动要求帮助，父母大多都只站在一旁语言鼓励。当孩子成功得到奖品，哪怕是最小的奖品，全家人都会欢呼雀跃着祝贺孩子。而假如孩子没有得到奖品，父母基本都不会说什么负面打击的话，依然会鼓励孩子"At least, you try"或者"Good try"。在选择礼品时，父母一般只会提供参考意见，不会强制孩子选父母认为应该选择的礼品，充分尊重孩子自己的意愿。

而因为是游乐园，除了跟父母沟通以外，跟小孩沟通也同样重要。有些小孩真的是很可爱，他们会对我们很感兴趣，有好几个小孩都问过我同样的问题："你是不是西班牙人呀？""你为什么会讲英语呢？"而且当小孩最后得到礼物时，脸上那种兴奋和高兴，就是对我们的最大奖赏！

在工作之余，雇主会举行一些员工聚会，或者过山车之夜什么的，算是不同的员工福利，甚至还包车带我们所有的国际生去华盛顿一日游。这次经历将会成为一段美好的回忆，被我永远珍藏。

实习的收获

李晓然（2013 级，经济学院，统计学专业）

实习地点：马里兰州

感谢学校，感谢老师让我再次体验了生活。

期待了半年的签证终于办下来了，兴奋得在成都大使馆门口的餐馆里就自拍了一张。2015 年第一次来成都是因为要办签证，2017 年再一次来成都还是因为要办签证。高兴的是，两次都很顺利！

办完签证接下来就是买机票……一切都准备好了，北京时间 6 月 6 日坐上飞往实习地的飞机，心中总有说不出的感觉，既激动又平静，激动的是我终于可以再次远行了，平静的是这并不是我第一次远行，所以很多东西也得心应手，不用太担心。

在几经周折之后，终于来到马里兰州的大洋城。第一份工作是在大集团公司（希尔顿酒店）工作，上下级的分工很明确，感觉人与人之间没有中国人说的人情味，你工作做得好的时候他们只会对你说"谢谢"。但当你工作有一点点做不好的时候，他们却严肃地批评你，有些错误甚至会放大来处理。所以，工作的时候很紧张，就怕出错，压力太大了。但是，我把工作做得很好，在团队里的评分最高，也获得了老板的表扬。同时，我在这里也收获了很多友情，包括我们的总经理，他一直在对我说希望我留下来继续工作。

我的第二份工作，虽然是一个小旅店，只有 63 个房间，但是这里每个人都很友好，大家就像一家人。我有任何困难他们都是第一时间来帮助我，尤其是我的老板，还帮我打电话给 CIEE，然后把这份工换作我的第一份工作，每天都在问我的情况。

这次来美国让我有和上次来不同的感受，口语也得到了很大的提升，尤其在第二份工作那里，因为身边都是美国本地人，他们全部讲英语，我也逼着自己去讲……有时候遇到自己想说却不知道怎么说时，会想尽办法去查。总之，英语口语进步很大！

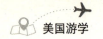

　　工作结束,要去纽约、华盛顿、费城玩几天,然后再次和美国说再见。感谢学校,感谢老师让我再次体验了生活。多希望现在我才大一,然后我就还可以再次参加这个项目。感谢。

美国西部

编者按

不登高山，不知天之高也；不临深溪，不知地之厚也

常伴蓝天白云、晴空万里的日子里，15 名民大学子从春城出发，前往美国西部得克萨斯州、科罗拉多州、加利福尼亚州等地。这是一次追梦的旅行，趁青春正好，趁时光正好，他们踏歌前行。为了远方迷人的风景，他们放飞了自己的心情，放飞了自己的理想，他们成了最亮丽的一道风景线。

"不登高山，不知天之高也；不临深溪，不知地之厚也。"去美国西部的同学们主要从事客房服务、食品打包制作、游乐场操作等。他们以"一段美好的回忆"结尾，记录着"实习笔记"。他们用"心灵感悟"，生活中"累并幸福着"。他们留下"我的实习掠影"，现在想起"我的实习印象"依然那么清晰。他们把这些都当作"过往的经历"，当作"世界上的一扇门"。

本篇章故事发生在美国西部。西部是农业蓬勃发展、人口较稀疏的地区。这里交通四通八达，自然资源丰富，著名的 1 号公路和 66 号公路，奔驰在阳光与海滩的加州；旅游资源也很丰富，拥有国家公园、峡谷风貌和广阔的西海岸。同学们在西部地区既感受到了广袤无垠的沙漠风光，也体验到了震撼人心的自然风光。在这里他们不仅仅得到成长，更是在生活实践中感悟人生，自由而洒脱，欢乐而愉悦，许下理想信念，争做新时代优秀青年。

一段美好的回忆

梁艺芸（2015 级，外国语学院，翻译专业）

实习地点：得克萨斯州

鸟儿们总是飞得很慢，我们沿着马路往回骑，它们就在四周缓慢地盘旋。

回到昆明一个周了。现在想来，为期三个月的实习就这么结束了，时间过得真的很快。我还记得刚从休斯敦到加尔维斯顿的第一天，看着出租车驶出市区，跨过长桥。司机和我们说，过了那个桥就到岛上了。我还记得那天是 6 月 12 日，我工作结束那天刚好是 9 月 12 日。三个月就这么过去了，现在想起来还是觉得有点不真实。这三个月里我遇到了特别好的外国朋友，也遇到了一群来自祖国的小伙伴，感受到了来自陌生人的许多善意，也遇到过小困难。自己慢慢熟悉这里，学着解决问题，自己计划出行，这三个月对自己来说也是一个很大的提升。

我的工作地点在加尔维斯顿岛的希尔顿酒店，跨过一条马路就是海边。每天下班后我们经常骑着自行车从海边回家，天气好的时候海边风景很棒。鸟儿们总是飞得很慢，我们沿着马路往回骑，它们就在四周缓慢地盘旋。

我在希尔顿的岗位是客房管家，一个不需要风吹日晒、时长不会过长、相对其他岗位的 J-1 学生来说工作环境条件稍微好一点的工作。工资两个周 500 多美元，应该是同来的学生里面比较少的。但是，对我个人来说，在不需要自己赚生活费的情况下，还是够用的了。这份工作具体需要做的就是打扫客房，听起来很容易，但是在希尔顿的高要求下其实做起来并不轻松。每天的房间分为留宿和退房两种。前者是第二天继续住的客人，我们需要更换毛巾、洗浴用品、咖啡机，整理床铺，打扫灰尘和拖地，一个房间大概会花半小时，而后者需要更换全部床单和枕头套，并且需要检查睡袍和床底，可能需要花 50 分钟左右。希尔顿对客房的物品摆放要求得细，从毛巾怎么卷到便签纸放几张，再到咖啡机上杯子、咖啡、糖、纸巾等的数量和位置，实际操作起来十分烦琐。每层楼会有一个指导老师，负责检查房间和传达客人需求。另外，有实习工负责撤走脏的床单、毛巾和垃圾，分工十分明确。大家各司其职，早上打卡后集体到办公室，每个人会拿到当天的任务，一般为8～10间房，把任务单子上的房间打扫完就可以离开。客房管家的分工只负责换新的床单和屋内其他东西，实习工小哥会把旧的床单收走，指导老师负责检查已经打扫过的房间。他们有一个记录表格，能够精确到每个人在哪个房间，一旦房间遇到问题，能够直接从表格里找到需要负责的人。在希尔顿从事了为期三个月的工作之后，我对美国酒店的客房服务流程有了一个大概的了解。虽然我是在客房服务部门，但这个部门和其他部门的联系十分紧密，从前台到餐厅再到仓库，其实需要统筹的东西特别多。原来老板们的工作也不容易。在这里三个月也积累了一些经验，自己出去玩的时候住酒店都对酒店的设施摆放特别熟悉，还能比较比较各个酒店的差异，很有意思。

在工作期间，我一直在和不同类型的同事相处，他们真的特别有个性，对我也很好。我刚去的时候老板安排了一个葡萄牙裔的姐姐带我，名字叫Princess。她是一个工作特别认真、特别热爱生活的人，教我的时候事无巨细都告诉我，还让我在之后的工作中遇到什么问题都直接问她。她平时会在吸尘器里滴香水，在分配板上画上小花，和她相处的时候特别开心，交流也没问题。每天上班遇到她我们都会一起聊天，聊她的家庭，聊她的宠物狗，能交到这个朋友太好了。还有一个同事是一个特别喜欢中餐的阿姨，虽然有时候会偷懒，但是在我们活比较多的时候她会帮很多忙。她是指导老师，但是一点都没有架子，对我们特别友好。三楼的Jass也经常帮忙，Nico是塔楼的指导老师，我们排到塔楼的时候都很喜欢去她手下工作。四楼的同事是酷酷的姐姐，实习工小哥是一个黑人小哥。老板Angie工作时特别严肃，但私下很友好，她对每个人都很好，努力记住我们的名字，虽然发音对她来说很难。去美国之前一直很担心交流问题，但我真的到了那边之后，和这些同事的相处让我感到很轻松。有时候我没法把一些想法准确地表达出来，她们也不会急，会等我慢慢说完，还会教我正确的说法，同事们真的特别好。我在岛上还遇到了一个热心的爷爷，他一直在帮助岛上的学生，下雨的时候送我们去上班，捎我们去超市，几乎在这边的学生都认识他。这个爷爷喜欢中国，今年也来中国了，他之前帮过的人包揽了他所有行程。大家都很感激他，能遇到他很幸运。

工作之余我们也有很多的活动，比如岛上专门为学生组织的J-DAY，会有水上乐园游乐场对 J-1 学生免费开放，还有当地游乐园。我参加了其中的一次，海边的 Pleasure Pier 游乐园，大多数项目都很刺激，基本上就是去围观大家玩耍了，遇到了很多中国学生，其实也是一个很好的交流平台。在岛上工作的中国人大部分分在了各大沿海酒店和水上乐园，每个工作地点都会给员工一些员工福利，所以我们有很多机会去水上乐园玩。我们 8 月一起去了水上乐园玩，和一起住的朋友一起玩真的超级开心。除了这个，我们有时候也会聚在一起做一桌子中餐，同住的人们经常一起去附近的商场逛街，花自己的工资购物，超级开心。我和一起住的妹子会一起去海边玩，去岛上晃悠找好吃的好玩的，去休斯敦玩。

关于住宿，我们的房东是一对墨西哥裔的夫妻，租给学生的都是独栋的房子，里面家具厨具都很全，还有 WiFi。我们住在岛的中心，在一个高中旁边，到海边骑车十多分钟，最近的超市走路五分钟，生活还是挺方便的。唯一的缺点是最开始的时候房子里住的人有点多，房子里三个大房间差不多住了十个人。大家来自不同的国家，同住的有泰国人和土耳其人，平时都用英语交流，对语言交流能力也有很大的帮助。我们有时候会学对方的菜怎么做，能吃到很多不同国家的饭菜。平时聊天也很有意思，文化差异是一个永远也聊不完的话题。土耳其小哥说他们白菜从来不煮着吃，都是加花生酱直接生吃，他们学医科，大学要上五六年。了解不同国家的文化真的特别好玩。泰国姐姐厨艺超级好，在不会做菜的人眼里简直是仙女一般的存在。她们做菜的时候经常给我分一份，每次收到都觉得很幸福。她们离开的时间比我们早，大家留了联系方式，能遇到那么多朋友真的很幸运。

工作结束之后我们选择了去旅游，目的地定在了奥兰多，去了迪士尼和环球影城。那一周的时间里真的玩得特别开心，完全沉浸在了迪士尼的童话世界和环球影城哈利·波特的魔法世界里，各种各样的乘骑游乐设施真的永远也不会玩腻。除了单纯的玩，迪士尼和环球的管理方式和他们运用的 3D、4D 结合的技术也令人印象很深刻。这些乐园人流量一年四季都很大。每个乐园都会有一个专属 APP，上面提供乘骑游乐设施的预约和实时排队的时间，我们就可以根据时间来选择游玩顺序，最大限速地减少时间浪费。最重要的一点是，就算一些热门项目需要很长时间的排队，在排队期间也会有很多特色游戏，让人在排队时不会无聊。去环球的时候主要是冲着哈利·波特的魔法世界的两个主题乐园去的，两个园之间还开通了一条电影里去霍格沃

兹的小火车,真实还原了电影的站台,哈迷真的超级满足。哈利·波特的魔法世界的两个乘骑游乐设施运用了室内过山车和 4D 结合的技术,让人真正地走进了哈利·波特的魔法世界,印象极其深刻,玩得特别开心。旅游结束之后,我们回到了加尔维斯顿,休息了三四天之后从休斯敦回到了久违的祖国。这将近四个月的时间过得太快,很幸运能够来到这里,我相信这会是一段美好的回忆。

实习笔记

李思瑶（2015 级，外国语学院，翻译专业）

实习地点：得克萨斯州

但是如果再有一次机会重新选择，我还是会参加这个项目。

从乔治•布什机场下飞机的那一刻起，我就意识到从那天开始的三个多月里，我要靠自己的摸索在这个陌生的国家陌生的城市生活下去。迷迷糊糊地取行李，迷迷糊糊地过海关，迷迷糊糊地找车。因为缺乏经验，不小心从机场打了超贵的车，但是当车停在租的房子前的时候，我觉得这一切都是我这次出来的收获，都是以后我对加尔维斯顿的回忆。房东是来自墨西哥的一对中年夫妇，房间收拾得干干净净，要用到的生活用品都准备得很齐全。更加幸运的是，房子里还有一个同样来自昆明的女生，这让我瞬间就找到了家的感觉。

早去并没有早早地开始工作，报到之后让我们休息了两天。第一天上班感觉什么都新鲜也什么都陌生，经理把我们分配给了不同的客房管家带。第一天带我的是一位很美丽善良的非洲裔阿姨。她耐心细致地告诉我房间的每一个角落要如何打扫、如何归置。她会很直白地指出我做得不对的地方，但是也会在我做得很好的时候毫不吝啬地夸奖我。突然从安逸的学习生活转换到劳累的工作让我非常不适应。半天的劳动结束后腰酸腿痛。等到午饭休息的时候，坐在休息室的凳子上想的全是早点下班。

午休是一天当中大家最轻松、最热闹的时候。午休的时候，大老板安吉女士会和我们一起吃饭，会和大家吐槽遇到的刁钻的客人，会讨论谁谁谁新换的发型，有孩子的甚至会一起聊自己的育儿经。刚去的几天里，他们超快的语速让我很不适应，再加上休斯敦独特的口音，一直是迷迷糊糊半懂不懂的状态。其实一直到我快回国也没有完全跟上他们的语速，只不过有所好转。

一开始我还在想，我要持续打扫房间三个月，这一定很枯燥！想到要每天重复同样的事，我就很烦躁。每天都要早起，风雨无阻地骑着车，穿着不合

身的工作服,闻着难闻的消毒水,擦厕所,铺床单。但是到了中间的时候,我已经可以很熟练地打扫一间屋子了。

当我结束工作的那一天,我也没有像想象中那么兴奋。还是和往常一样,临上班的时间才起床,匆匆忙忙地叼着面包骑车去上班,敲门换床单、擦厕所、拖地、吸尘;和往常一样和客人打招呼,和我的指导老师交流。负责我那一层的指导老师知道我们要走的时候,忽然间就哭了,而本来没有那么害怕告别的我也红了眼眶。三个月的时间,我从一个什么也不懂的"小孩子"变成了一个可以独立解决客人的疑问的"老手"。等到合影的时候,我才意识到这是我最后一次和他们见面了。那一刻我觉得这三个月可以和这么可爱的一群人一起工作,实在是我的幸运。

我们在岛上的生活环境也是很不错的。除了人有点多以外,其他方面倒是相处十分融洽。我和几个泰国人和土耳其人住在一栋房子里。我们和土耳其人有着完全不同的文化背景。这个地中海沿岸的国家相对遥远,让我充满好奇。在不上班的时候我和我的土耳其舍友进行过几次讨论,从饮食到天气,从宗教到其他的社会观念,这让我对土耳其有了更深一步的了解。在和泰国人交流的时候,我发现相似的文化背景让我们的交流更为容易。

休息在家的时候我和我的舍友们会一起聚在沙发上看电影,电影题材的选择就是每次都要面对的问题。泰国盛产恐怖片,泰国舍友也爱看恐怖片,所以大部分时间都是他们挤在沙发上关着灯看恐怖片,而我这个对恐怖片怕到要死的人就跑回卧室看我的电视剧。

无论是泰国人,还是土耳其人,他们给我的印象都是很努力很积极。尤其是其中的一个土耳其小哥,他的工作是夜班,白天的时候他总是拿着笔对着平板做笔记学习。他的专业是药剂师,他近期的目标就是考上美国的研究生,在美国找一份固定的工作。他来到美国之后尽可能地和更多不同的文化背景的人交流,他和房东提了一个要求,就是不想和其他的土耳其人住在一起。

而我想一部分中国学生更愿意待在"中国人"这个圈子里,借着自己英语不好的理由拒绝给房东打电话,甚至不主动和其他国家的同事交流,不愿意和屋子里其他国家的人聊天。这完全失去了来实习的意义,我们来实习并不是为了赚钱,我们来实习最大的目的是感受与中国东方文明完全不一样的西方文化,感受不同的语言环境,开发自己的潜力,看看自己在这个无依无靠的陌生国家可以适应到什么程度。无论你学什么专业，无论你在哪里上班，我觉得最大的收获就是你了解到的不同的文化、不同的习俗、不同的人和不同的事。这不是可以用挣到多少钱来衡量的。

以上都是我在工作和生活中了解到的。我在旅游的时候，看到了更多和国内不一样的，也让我思考了很多。

工作结束后我和我的舍友一起前往佛罗里达州的奥兰多，去世界上最大的迪士尼世界和环球影城游玩了6天。这6天里我们的身份发生了转变。我们从"为别人服务的客服"变成了"享受服务的客人"。美国的客房管家工资可以说是全国最低，全国平均也就11美元/小时，在休斯敦的希尔顿工作的时候，大家工资只有9美元/小时。遇到慷慨的客人还可以拿点小费，但是大部分情况下还是吃死工资。所以到了奥兰多旅游的时候，我和我的舍友每天都会在房间里留一些小费。自己经历过客房服务人员的辛苦，所以也尊重其他客房服务人员。我们见过、打扫过那种脏乱得惨不忍睹的房间，我们也不愿意把房间弄得太乱，尽量保持整洁，让客房管家可以轻松一些。

我在迪士尼和环球影城看到很多受伤、坐着轮椅、拄着拐杖、打着石膏的游客，也在希尔顿打扫房间的时候见过呼吸机等医疗辅助设备。这让我对中美文化差异有了更深的认识。在中国，如果一个人生病了，或者受伤了，家人朋友一般都会劝他"这段时间在家好好养病，等病好了再出去玩"。但是美国人不会这么想。他们认为生病或者残疾并不能妨碍自己去度假旅游，甚至去游乐场，即使生病残疾也依然有去享受的权利。在园区内经常可以看到脚上打着石膏、一蹦一跳地和朋友玩耍的年轻人，也能看到被家人用轮椅推着的上了年纪的老头老太太。他们戴着迪士尼的各种装饰品，和家人一起穿着印有自己喜欢的角色logo的衣服，在游乐园里玩着各种自己可以参与的项目，满脸洋溢着开心幸福的笑容。我看到过山车排队的队伍里有几位老人，轮到他们的时候就从轮椅上慢慢地走下来，在过山车的座位上坐好，工作人员会把他们的轮椅推到出口的位置。他们满头白发，有的甚至腿脚不好，走路晃晃悠悠，但是他们没有待在家里消极度日，他们和年轻人一样有一颗爱冒险、爱刺激的心。

我不由得想起我的爷爷奶奶。每次想要带着他们一起去旅游，他们总是拿自己身体不好当理由拒绝，要么就是觉得舟车劳顿，还没怎么玩就累得不行。我也想起自己小的时候，原本计划好的旅游，也因为感冒或者其他的疾

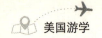
病而耽搁。

　　回国之后的日子是忙碌和劳累的。倒时差就花了一个星期,回到学校后又是开题报告,又是缓考,忙得一个头两个大。我也错过了考研和研究生推免的好时机。但是如果再有一次机会重新选择,我还是会参加这个项目,因为只有我们能力提高了,才能为国家作出更大的贡献。

心灵感悟

李思琪（2015级，应用技术学院，工商管理专业）

实习地点：科罗拉多州

> 这三个月形形色色、形态各异的人与人之间最大的差别无关健壮或病弱，无关肤色，无关年龄，最大的差别在于看待世界的那颗心。

从6月份去丹佛到结束工作，这期间我满怀期待又忐忑不安，担心国外安全问题等。我从不适应工作状态，到渐渐进入当地酒店行业工作的正轨，再到回国。刚开始是奔着能提高英语口语水平去的，但到后来，我觉得最大的收获是提高了明辨是非的能力，学到了一些书本上没有的社会交往常识。由于身边同事全是墨西哥人，只有偶尔几个是美国本土人，所以工作中和他们交流时常常要发挥极大的想象力才能猜到他们在说什么。刚开始我对这个项目仅有浅显的认识，抱着一颗出来看一看的心没多想就报名了。

刚来的第一感受就是，吃的真的太不习惯，他们喜好生的蔬菜，喜爱各式各样或咸或甜的面包或鸡肉，喜爱怪怪的肉的味道，喜欢大早上就喝冰块水。当今大多数中国人都开始注重养生，看重营养均衡，显然他们这种生活方式不适合我们。倒了几天时差，由于这次这个项目分配到同一个酒店工作的四个学生正好都是中国人，所以我们沟通无障碍。刚开始我们还抱怨为什么没有外国同事，那样可以多一个了解其他国家文化的机会，后来适应了也就还好。刚开始我们讨论着我们接下来这三个月会有怎样的惊喜，会有什么样的活动来交流美国文化，英语水平会有怎样的提升等。等开始工作了我们才感到了现实的力量，日复一日重复且无聊的工作让我们忘记时间。时光飞逝，我们渐渐意识到了这一点，且深知当初我们来时的不易，于是三三两两在工作结束后就跑去前台，找一些英语发音比较标准的当地人说话，这样既能了解当地风土人情，又能或多或少提升英语水平。

在工作中也发生了很多事，人有善有恶。等到我们国家更加强大，世界都来学习中文时，我们也许就再也不用去苦恼英语为何如此之难了。和墨西哥人相处的日子里我发现,他们那儿人们的生活和国内差不多。在美国工作强度确实要大一些。我在一间房间打扫时,隔壁一群人可能威胁到附近的客人安全,酒店前台叫来了警察对他们做笔录,顿时感觉到了最近距离的危险。综合起来,这三个月形形色色、形态各异的人与人之间最大的差别无关健壮或病弱,无关肤色,无关年龄,最大的差别在于看待世界的那颗心。我看到对残疾猫狗怀有怜悯之心的老夫妻,看到他们收养的小女孩,看到他们的快乐来源于自己内心的满足,不骄不躁,在自己安排的时间表里度过平凡却有意义的人生。他们可以驾驶一辆车,车上装了整个家,所有家人过着"行至水穷处、坐看云起时"闲云野鹤般的逍遥生活,至一处酒店,住下,早出游玩,钓鱼,冒险,晚上时分归来,可以月光,再换一个地方。问了周边一些人,他们大多数都选择租房而非买房,这也是我们和他们的不同。对于他们,房子只是一个能够居住的地方,租房对自己本身的压力也是小的。

很幸运,这期间遇到了一些很好的人。有一个老奶奶,由于她很喜欢研究中国的古典文化并被中国的小物件和非凡的水墨画所吸引,所以对我们四个女生也是尽地主之谊般的厚待。在每个星期三去图书馆的路上,可以看到我们所处的位置是被四面高山所环绕的一个盆地类型的平原。浅黄色的植被,一路单家独院,门前花草,从这些看得出这附近的家庭都是很有情调的。去到图书馆,我们每个星期都会和一群渴望提升英语的人进入一个主题探讨,而每次,最滑稽的事莫过于我们记不住在座的每个人的名字。时长会有两个多小时。有一次,一位女士因事要离开我们所在的城市去别的城市工作,在我们研究会结束后我们才知道她要离开的消息。几个星期的相处后大家都不舍,合影留念。在最后离开这个酒店时我们已是不舍,对厨房、对这座城市都不舍。我们在这次项目期间见到了不同的国家来参加这个项目的人,包括土耳其人、俄罗斯人等等。他们身上都散发着年轻人拥有的青春气息,我们花大把时间来睁眼看世界。酒店的员工走了又来。行色匆匆的人群,早上八点就排了好长的队去买星巴克咖啡的人群,进进出出的旅客,他们都向着未知的方向前进。而他们的时间观念更是强烈。因为是按时薪算,所以,该到他们下班时,多一秒他们都不愿意停留,我看到的,只是车影。每个人都活在自己的节奏中,互不影响,自得其乐。

成长中总不可能一帆风顺,更何况是在国外。总会遇到一些不通情达理的人,而与这些人在一起工作也锻炼了自己看清一个人好坏的能力。只需要看看，不需要过多与他们相处，圈子不同不必强融，越站在外面越看得清楚。无论何地皆由努力作为基石，才有向上的权利。出来更大的收获是自己都不敢相信自己可以一个人出国，一个人面对陌生的环境、陌生的人。出行前家人的各种担心，临行时候朋友的送别，至今都还像一幅幅画一样闪现在眼前。酸甜苦辣，我们尝到了初入社会的一点点不容易。我们背上行囊，怀揣梦想，带着一份对有恩于我们的人们的感恩之心，在去机场的路上思索未来。可能以后都不会再来这座城市，也不会再见到这些人，但我相信经过时间的沉淀，最后还会联系的该是那些最朴实善良的老人。地球一半白天，另一半黑夜，日升日落，昼夜更替。在异国，我们几个中国的学生都异常想念自己的祖国，一路的磕磕绊绊最终化为了回到祖国呼吸到第一口空气时的激动。人的一生中总要起起落落，不断地遇见困难才会成长，在不同的风景中看见不同的人。圈子相同的人在一起想必会有相似的观念，国内如此，国外亦如此。不同的经历必会萌生不一样的疑惑，只有在变化的环境中才会有所进步。出去这趟，我更懂得了和什么样思维的人一起前行才是最重要的。生活不会像你想象得那么好，但也不会像你想象得那么糟，终究是要靠自己的努力才能使自己变得更好。

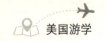

累并幸福着

李欣蕊（2012级，管理学院，公共事业管理专业）

实习地点：得克萨斯州

此刻的不舍没有任何语言能表达。

时光飞逝，三个月的赴美带薪实习结束了，过去的三个月是我的宝贵回忆。有过恐惧，有过不安，但更多的是开心与喜悦。我从一个一直让父母照顾、操心的小女孩变成了一个能独立自主的姑娘，这三个月我过得非常充实。

北京时间6月14日，父母从昆明长水国际机场送我出发。我心中充满了不舍与害怕，舍不得跟父母分离，害怕独自一人面对三个月的美国生活，但最后还是鼓足勇气，踏上了赴美带薪实习之路。我在北京转机，经过旧金山、丹佛，最后到达我工作的地方——科迪。从飞机上俯视科迪小镇，发现它跟我想象中的美国一点都不一样。它没有高楼大厦，有的只是一座接一座的大山，山的颜色泛黄。没有郁郁葱葱的树木，整个小镇周围显得无比凄凉，我的内心又开始失落。终于飞机落地了，我一直在想我的雇主是一个怎样的人，我的同事又是些什么样的女孩。在候机大厅等了不一会儿，一个美国女士带着两个中国女孩朝我走来。我开心极了，我想着她们就是我的雇主与同事吧。她们热情大方，我想我三个月的实习生活一定会无比美好。我们的公寓是在雇主家里。我到的时候房间还没有装修好，我们在酒店里住了两天，时不时地我们会回到公寓里看看。男雇主特别厉害，什么事情都是自己做，女雇主都称他为超人。我们的公寓也是他帮忙装修的，他格外细心，房间装修得非常温馨。休息了两天开始正式工作了，我的工作是客房管家。虽然只是日常的清洁打扫工作，但由于我在家从来没有做过这么多，第一天下来感觉很辛苦。雇主在生活上对我们照顾有加，特别热情，但是对于工作却非常严格。我们虽然工作得很辛苦，但是他还是发现了许多打扫不干净的细节。第一周基本每天都要带我们检查房间，然后告诉我们存在什么样的问题。虽然他对工作要求严格，但是他也非常体谅我们，一周结束后还请我们吃饭。

虽然餐食简单,但是充满了对我们的爱。餐后他又跟我们讲故事,告诉我们一些为人处世的道理。他说,我们出来不仅仅是为了实习,我们更应该从中成长。时间慢慢过去,我们的工作也越做越好,他对我们也越来越满意,在他们及他们家狗狗过生日的时候都邀请我们参加。party 不是很隆重,但是大家非常开心,这也让我体会到其实幸福很简单。

在此期间我们还找了兼职,女雇主知道我们想要找兼职又为我们忙碌起来,到处打电话询问,甚至亲自带我们到商店里咨询,最终我在中国餐厅及礼品店都找到了兼职。虽然每周只有三个下午可以休息,但我过得非常充实。我们很幸运,中餐厅的老板及礼品店的奶奶都非常好,同时我们又结识了许多参加这个项目的中国学生及一些当地的美国学生。

三个月的时间很快过去了,我们将要分离。在我离开的前一晚,中国餐厅的老板娘请我们到当地最好的餐厅吃了最好的牛排,饭后又跟我们分享她的经历。同时我也得知,她知道我们要去旅游,担心我没有厚衣服,中午特意回家为我准备了一些厚衣服。当时我除了感动就是感谢,觉得自己在异国他乡生活得很温暖。离开在即,充满了不舍,她就像一位母亲把我抱在怀中,我们都哭了。第二天中午,女雇主要送我去机场了,她为我准备了礼物,是一个小包。就在她把包放到我手上的那一瞬间她哭了,第一次见那样开朗爱笑的雇主落泪了,我紧紧抱住她,真希望时间能再久一点。我到了机场,我们一直强忍着眼泪微笑着回忆着这三个月的时光。但是,此刻所有的泪水的爆发了,我们再一次把彼此抱在怀中,不说话,只是静静地哭。此刻的不舍没有任何语言能表达。

2016，我的实习掠影

李芊颖（2013级，东南亚学院，柬埔寨语专业）

实习地点：得克萨斯州

一切的感动和感恩，都融进了联合车站低沉的钟声里。

我初二时喜欢上了英语，然后开始疯狂地看英文剧，听英文歌。当我拿到工作offer那一瞬间，我难以压抑内心的激动，因为我可以去英语环境中提升英语口语了。

1. 初遇圣安东尼奥

我到美国的第一站是洛杉矶，在洛杉矶住了一夜后便转战圣安东尼奥了。后来我们到达了公寓，我一看到公寓的名字便爱上了，这个地方叫作Haven，也是我三个月以来所有记忆的重要组成部分。

2. Sea World 记忆

我们在Sea World工作。在这里，我结交了许多朋友，还有像母亲般关心我的Lisa夫人。我的工作是在游客餐厅里从事餐饮服务。我很喜欢我们的制服，浓浓的牛仔风情。我在主厨Lisa夫人手下帮忙，与Lisa夫人朝夕相处。后来我们成了很好的朋友，她会经常带上我和她的家人相聚，体验当地人的生活，这是我最难忘的回忆。在离开时，我在她车上忍不住哭了，这一别，只留下深深的怀念。

3. 圣城的骄傲——Spurs

Spurs，马刺，这个名称如雷贯耳。幸运如我，在圣城生活，到AT&T参观是必需的事。遗憾的是，当时不在赛季，所以我们只能在球馆外拍照留念，并且帮在国内的刺迷朋友写了留言。最近看到马刺开赛了，心中燃起了阵阵的激动。Fighting, Spurs!

4. 得州之鹰——28 小时的旅途

受电影的熏陶,我非常期盼能亲身体验一下美国火车。于是我咬牙给自己买了一张比机票贵两倍的卧铺票。事实证明,我并不后悔这个选择。得州之鹰带着我穿越了美墨边境,跨越了一望无际的得州大平原,路过了连绵起伏的新墨西哥山峦,还有繁华的凤凰城,以及延伸到加州的海岸线。得州之鹰上面还有美味的餐食,简直甩美联航的两块饼干 N 条街。

5. 天使之城的短暂停留

28 小时的"享受"后,我到了洛杉矶。在洛杉矶,我遇到了一个当地的女士,她带着我去了许多地方,还请我吃了饭。她认为中国的发展很了不起。我想买花送给她,但是很遗憾,我买完花后和她走散了。我甚至不知道她的名字,也没留下联系方式,我们有的,只是一张我露出半边脸的合照。我带着没送出去的花走在回家的路上,然后把花送给了为我指路的人以及我的房东。次日我和墨西哥人一起庆祝了他们的节日。在阵阵狂欢声中,我迎来了回国的时刻。一切的感动和感恩,都融进了联合车站低沉的钟声里。

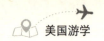

我的实习印象

张诗琪（2013 级，应用技术学院，对外汉语专业）

实习地点：得克萨斯州

感谢我遇见的所有人，你们陪我度过了一个难忘的暑假；感谢祖国，您是我永远的骄傲和归宿！

2014 年 6 月，我不远万里从昆明来到了奥兰多，并在这座盛产柑橘的城市度过了一个奇妙的夏天。

前期准备

3 月份得知学校国际合作交流处有这个项目，我决定要去了之后就是一系列的准备工作：填写个人简历，等待确认工作的邮件，准备雇主面试，去成都美领馆面签（当时办签证的时候还是很担心要是过不了怎么办，还要再来一次，好麻烦，幸好顺利签过）。不得不说，前期准备那会儿确实很煎熬，每天都期盼着工作确认的消息（好为后来的雇主面试做准备）。第一次出国难免有小小的激动，每天都在想收拾行李的事。有时候要做的事太多了，但是呢，在抱怨两句后还是做着准备，就这样我在 6 月 13 日顺顺利利地坐上飞机。

欢迎来到奥兰多

我的飞机是先坐到纽约，再转机到奥兰多。在经过睡了又吃、吃了又睡的浑浑噩噩的十几个小时后，飞机在纽约肯尼迪机场降落。透过机场的落地窗，我看见外面公路上的车流和英文路牌。之后我和小伙伴们一起转机，于傍晚时候来到了在奥兰多的住处。奥兰多用的是东部时间，和昆明整整相差 12 小时，所以我是美国时间 13 号到的奥兰多。

关于工作

13 号到的奥兰多，14 号早上我去外面随便绕了绕，把公交卡给买了，15 号下午准时去工作地点报到。Fun Spot 是一个游乐园，不大，但很漂亮。我开了个简短的会议，领取了工作服，和即将要和自己一起工作的来自土耳其和美国当地的同事们见了面，16 号正式上班。我们一共有 5 个小伙伴，都被分在了儿童区（未来的两个半月我整天和小孩子打交道，小孩子都很可爱听话）。游乐园的工作还是很辛苦的，从早上 10 点站到下午 5 点，半小时的午饭时间。工作期间只有 5 分钟的休息时间，要是上晚班就要上到关门，半夜12 点。再打扫打扫公园卫生，擦桌子，扫地，全部弄完差不多也是 1 点了。白天晒着大太阳，两个半月下来我每次照镜子都忍不住吐槽自己"好黑"。工作辛苦归辛苦，但也有乐趣，大人、小孩在玩完游乐设施后都会道谢，有的小朋友还会要求拥抱，这个时候就觉得自己的付出是得到认可的。我在工作的过程中逐渐认识了好多有趣的同事并且成了朋友：Catherine, Lydia, Destiny, Shren, Flecter, Rebacca, Brandon, Susette, Hannah, Caleigh, Nat, Hector。 有 这么多朋友，每天工作都很愉快。游乐设施操作员是基本入门的工作，培训一上午就可以做，但就是这样简单的工作，大家都依然很认真地去做。美国同事工作的时候认真工作，尽力做到最好，休息的时候尽情享受属于自己的休息时间，工作和休息分清楚，这样工作休息两不误。8 月底工作结束的时候，我的内心有些不舍，毕竟在这里工作了两个半月。坐车要坐几个站，沿途的风景都了然于心。车站对面就是奥特莱斯。我们每个周末没有事就会去逛。总而言之，奥兰多是个美丽的城市。

旅行

等到工作结束后，就是令人兴奋的旅行了！9 月份的第一天去盖恩斯维尔，参观了著名的佛罗里达大学，犹如置身于花园中。然后我们在网上买了客车票，去了大名鼎鼎的迈阿密海滩。还遇到了一个阿姨，看见我们在路边等车就说她也要去海滩，如果不介意的话她可以载我们。见我们有些迟疑，她表示只是想帮我们，因为如果她的女儿去外国她也希望有人能在她需要帮助的时候上前提供帮助，因为这或许对于自己只是举手之劳但对于别人来说是雪中送炭。不过同学们还是不要轻易搭车，毕竟这不会总是个明智的决定。我们下车后都感叹了半天，今天真是遇到好心人了。迈阿密海滩很美，和在电影里看到的一样。迈阿密的下一站是华盛顿特区，国会大厦、邮政博物馆、国家图书馆，都是免费的。然后转向洛杉矶，圣地亚哥海洋公园、环球影城让我仿佛在电影里一样，旅游的过程就是饱眼福的。

最后要感谢我的父母，是您的全力支持才让我下定决心走出第一步；感谢国际合作交流处提供的这个项目给了我这次去国外实习的机会；感谢文化

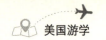

学院的领导老师批准我办理各种缓考事宜,给我申请工作和签证指导;感谢我遇见的所有人,你们陪我度过了一个难忘的暑假;感谢祖国,您是我永远的骄傲和归宿!

带薪实习的体验和感受

焦柯鑫（2015 级，职业技术学院，旅游管理专业）

实习地点：加利福尼亚州

> 我觉得各种困难需要自己去处理，那是一件很有意思的事情。对男生来说多经历一些也不是坏事。

这个暑假我报名参加了学校组织的暑期赴美带薪实习项目，在美国待了将近四个月。在这里我想跟大家分享一下我的一些体验和感受。这里要分为两个部分，一部分是带薪实习，一部分是旅游。说到这个项目，就得先说说自己报名的初心。我当时报名参加这个项目就是为了感受英语文化，交交外国的朋友，锻炼自己独立生活的能力。当初跟家人说要去美国，家人都有点反对，反对的原因是我的英语不好。我觉得各种困难需要自己去处理，那是一件很有意思的事情。对男生来说多经历一些也不是坏事。我顺利拿到 offer，并且顺利通过了签证，我的实习之行在期待中展开。为了方便，我只带换洗的衣服就去了美国，事实证明我把一切想得太简单了。

这里介绍一下我的 offer，是在一家酒店工作，做客房管家。工作地点是在加利福尼亚州。我工作的主要内容是打扫酒店的客房。

6 月 15 日，我从北京充满期待地坐上飞机，前往旧金山。坐了大概 14 个小时的飞机，当地时间早上 8 点，我到了旧金山国际机场。由于时差原因我当时感觉头晕眼花，取了行李之后用自己不怎么好的英文加上比画终于找到了大巴，然后前往酒店——Rohnert Park-Good Nit Inn。这个酒店介绍上说是三星级酒店，带一个游泳池，大概有 150 个房间。

到了酒店，上司给我安排了房间休息，并告诉我酒店的情况和一些工作的情况，让我好好休息。第二天就开始了工作。工作的第一周是培训，我和一个在这个酒店客房工作了十五年的美国大妈一起打扫客房。大妈十分热情和友好，工作教得比较细致，客房打扫内容就是换床单、擦镜子、打扫浴室、吸吸尘。一开始我觉得很轻松，可是我错了。美国的床单一张床要换三层，浴室和镜子都有专门的清洁消毒水，还要打扫马桶！一开始我有点洁癖很不能接受刷马桶。简单培训一周以后，我开始了自己一个人工作，一天大概要打扫 25 间房。一开始我的动作很慢，半小时才能打扫一间房，一起工作的同事都会来帮我，真的感觉到同事的友好。再说工作，一开始工作的时候我感觉特别累，一下班连吃的都顾不上，躺上床就呼呼大睡。因为去美国第一个月只有我一个中国人，下班别的人都回家了，就我一个人在酒店房间，那时感觉特别特别孤单。工作了三个多月，手都被消毒水泡起了疤痕，人的身心都坚强了不少。我的上司特别好，经常带我去吃比萨，带我去她家和她的家人一起过节看烟花秀，带我去办社保卡，带我去附近的娱乐场玩，带我感受英语文化。特别感谢我的上司 Listed。

再简单说说工作结束后的美国游。因为家里有特殊原因要我急着回家，我只有改签机票提前回国，所以工作结束只玩了十天，就取消了之前计划好的美东行。在这十天我去了旧金山、洛杉矶和拉斯维加斯。在旧金山去了金门大桥、渔人码头、九曲花街，印象最深的就是旧金山到处都是 30° 以上的大坡，就像盗梦空间的感觉一般。洛杉矶去了迪士尼、环球影城和莫妮卡海滩。我最喜欢的就是洛杉矶了。洛杉矶迪士尼是世界上第一个迪士尼乐园，环球影城真的太赞了，各种特效过山车太过瘾了。拉斯维加斯就是一个不夜城，到了晚上才能体现这个城市的美。

因为我的专业是旅游管理，我的专业涉及酒店管理，这次酒店客房实习也给我好好地上了一课，所学的知识也终于学以致用，落到实处。酒店行业并不是那么好做，细节太重要了。这次实习就是朋友很多，工作很累，收获很大。

永远在路上

陈朝艳（2014级，电气信息工程学院，土木工程专业）

实习地点：加利福尼亚州

套用一句流行的话："你的气质里藏着你走过的路、读过的书、爱过的人。"但过往的经历都只是你更加努力的动力，愿我们都能走向更好的远方。永远热泪盈眶，永远在路上。

我今年参加了为期三个月的赴美带薪实习项目，现在对这次实习做如下总结。

第一次坐长达十几个小时的飞机，第一次面对转机的各种问题，无数个"第一次"伴随着我从昆明到香港，再到洛杉矶、达弗雷斯诺，最终到达工作地。

刚到工作地，本应该是炎热的夏日，但因为气候异常，突然大雪纷飞。原本带着的厚衣服，又全丢在了香港。更严重的是员工宿舍的空调坏了，没有暖气，我们只能在寒冷的夏日里相互依偎取暖，还好有我的朋友和我一起。

我们工作的地方是位于优胜美地国家公园旁边的 Tenaya 酒店，周围全是茂密的森林，幸运的时候还会看到小鹿出没。这里去小镇要坐 40 分钟左右的巴士。有一家日用品店，商店的老爷爷非常友好，还给我们送过哈根达斯等小零食。

我在 Tenaya 酒店的工作是酒店管家。刚到菲什坎普其实非常不习惯，尤其是饮食方面。后期和其他国际学生一起进行工作培训，大家相互交流，相互认识。结束一个周的工作训练后，我开始独立工作，刚开始有些紧张，不知所措，缺乏工作经验，常常忘东忘西，但好在指导老师极其负责而且非常有耐心地纠正我在工作上的错误。

交通方式和工作习惯和国内都有很大的差别。我们每天必须工作至少八小时，每天至少管理十个房间，这真不是一份容易的工作。在七月底我们参加了公司全体国际学生的 BBQ，大家相互交流，玩到很晚才回到宿舍。因为在美国的大山上基本没有什么娱乐活动，所以大家都很珍惜这样的机会，

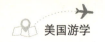

流连忘返。

　　关于旅游，我们是出去玩过最多的国际学生吧。休息日我们常常会去小镇吃中餐。对于在异国他乡的我们而言，可以吃上一次中餐真的是非常幸福的事情，可以勾起在国内时的美好回忆。第一次旅行是我们八个中国学生去了洛杉矶，第一站去了加州的迪士尼乐园，世界上最早的迪士尼乐园。在这里我印象最深刻的就是烟花，迪士尼乐园的烟花是我目前见过的最美最浪漫的烟花。第二站是环球影城，环球影城也是非常棒的必玩之地，尤其是哈利·波特的魔法世界。我们虽然排队两小时，但哈利·波特的魔法世界真的很值得去体验。傍晚的时候我们还去了格里菲斯天文台，但因为周六闭馆，很遗憾没有进入馆内参观。在格里菲斯天文台上我们看到整个洛杉矶的夜景璀璨夺目。

　　第二个月我们去的是旧金山。都说最冷的冬天就是旧金山的夏天，这句话真是一点没错。首先去了金门大桥，因为天气不好，大家穿得也比较单薄，所以我们几乎是在金门大桥冰冷的海风狂吹下走完全程。旧金山真的是一个很有特色的地方，个人看来就是美国版的重庆，一样的山城，除了气候不一样。旧金山的交通和购物商场都比较集中，不像洛杉矶那样分散。旧金山的建筑风格不像其他城市那样千篇一律，每走过一个地方会有不一样的建筑风格，总能给你一些小惊喜、小意外、小幸运！在旧金山我们去了联合广场，联合广场上有很多画展，但禁止拍照，大多是关于旧金山一些景点的水彩画。旧金山的景点都是非常集中的。回来我们跟着谷歌地图走到唐人街，来唐人街主要目的其实就是为了吃中餐，因为这里有一家川菜馆非常出名。据说美国的奥巴马总统去过，还有一些名人也去过，我们几个也是同样慕名而来。这家川菜馆的确很好吃。后来又一路去了渔人码头、九曲花街、日本城，一路走走拍拍。渔人码头的胖鸽子一点也不惧怕人，胖到都没法飞起来，但是真的超级可爱。

　　第三个月去了酒店附近的优胜美地国家公园。一起去爬山，看瀑布。我们还去了拉斯维加斯。马蹄湾、羚羊彩穴、西峡谷，神奇的大自然，历经千万年，在岁月中沉淀，累积，最终才形成如此壮丽的景观。

　　关于读书，都说"腹有诗书气自华"。在美三个月，每天工作结束并没有多少娱乐活动，为了更好地记录生活，我坚持读书写日记。客房管家真的是一份特别辛苦的工作。在我的日记里我常说："身体可以劳累，但灵魂不能疲倦。"在三个月的时间里我主要读了《异乡人》《杨绛传》《皮囊》《张爱玲传》《唐人街》《生活在美国》《咖啡》等书籍。

关于健身,因为所工作的酒店是一个四星级酒店,有健身房,所以员工可以去健身房。在工作期间,每天都很累,吃似乎变成了一种缓解疲劳的途径。美国的食物多偏向高热量,长胖真的是一件非常容易的事情。当我在旧金山旅行的时候,我真实地感受到自己胖到不想拍照。也是这次旅行让自己意识到不能再胖下去。后来每天不管多累,我都坚持去健身房,也许去健身房并不能瘦下来,但至少可以保持体重,防止继续发胖。

在美国经历了夏天的大雪纷飞,我想这是为我们的到来而特意举行的庆祝仪式吧。在最后一个月发生了一场火灾,所有员工紧急撤离。在这里提醒大家,无论你在哪里,护照一定随时带在身上。

在美国的三个月真的是一段特别的经历。从报名参加项目到最后回来,从最开始大家不适应、焦虑浮躁,到最后大家变得从容与淡定,相互包容、理解,相互照顾,见证彼此变得越来越好。非常感谢一路上家人和朋友的支持,感谢一路上遇到的人,使我终于在大三完成自己在大一树立的目标,使我终于有机会漂洋过海体验异国的生活。虽然做的是底层工作,但也甘之如饴。套用一句话流行的话:"你的气质里藏着你走过的路,读过的书,爱过的人。"但过往的经历都只是你更加努力的动力,愿我们都能走向更好的远方。永远热泪盈眶,永远在路上。

生命中的遇见

李 幸（2014级，电气信息工程学院，通信工程专业）

实习地点：加利福尼亚州

生命中每天遇见的人、发生的事，都是惊喜和运气。

我和朋友是在6月7日出发的，怀着激动又忐忑的心情我们踏上了实习的征程。现在还能回忆起当晚的心情，仿佛就在昨天。

6月9日我们从香港出发到洛杉矶，在洛杉矶住的是一家青旅。由于我们英语水平有限，中途闹了不少笑话。在青旅我们遇到了一位同样参加项目的四川的女生，还遇到了一位来自加拿大的华人老爷爷，聊了很多，也在这个小旅社找到了所谓的归属感。第二天相互道别后我们各自真正地向着实习岗位奔去……

我们是在弗雷斯诺一个国家公园附近的Tenaya酒店工作。我们坐飞机到弗雷斯诺住了一晚，第二天又乘坐巴士到了当地的小镇Oakhurst。Jennifer是我们的负责人之一，她送我们到了工作的地方，安排好了各种工作事项后带我们参观了Tenaya。这个让我们充满了幻想的地方一点也没让我们失望。

我们宿舍是一栋别墅。二楼为公共区域餐厅和客厅，三楼类似于阁楼，但光线很好，床很大很舒服。一楼就是我们的房间，像个地下室，只有一扇小窗子。光线十分不好，很压抑。但唯一欣慰的是我们有个最大的洗浴室，过一扇门就可以到洗衣房，很方便。

问题是我们的空调是坏的，我们当时的心情可想而知。想着一切都会好的，我和朋友就在又冷又暗的房间里依偎着过了一夜。第二天早上开始体检，打开门，下雪了……我们又喜又悲。下雪开心，没有厚衣服苦。简单体检完，听他们说已经50多年没有见过夏天下雪了。在平常白天这里室外的温度都是30摄氏度以上的，而这时候下雪无疑是平静生活中的一大刺激点，所有人都很兴奋。大概是我们比较幸运吧，因为第二天雪就化了，来晚的人都没见到夏天下雪。

第三天开始培训,我们也见到了另外的六位中国学生,两男四女。很亲切,大家感觉到在异国他乡相遇的不易,都很团结。客房管家是一种看似容易却很难做到完美的工作。这里的要求非常严格,犄角旮旯每次打扫都是不容放过的。如果你放过了犄角旮旯,那么在犄角旮旯检查的指导老师就不会放过你。需要的工具很多,需要记住的摆设很繁杂,每种类型的房间都不一样,每个房间的工作量也不一样。刚开始训练的几天新鲜劲很足,没觉得很累,和指导我们的其他客房管家相处得很好,他们每个人都那么朴实又那么充实,那么幸福。酒店的工作讲究团队合作,高效且有仪式感。每个人都很努力地工作,一天十几个房间下来都累到腰酸背痛,也没有多少小费,甚至没有小费都是正常现象,但是每个人每天都是带着微笑、带着拥抱和大家一起迎接新的一天,充满希望、活力。我想念他们:包括在工作上一丝不苟、严厉的 Cristin,每次我们被 Cristin 训,给我们安慰、给予我们最多帮助的 Miguel,送我们去火车站的 Nico 和 Martha,在我们工作中总是帮助我们、在食堂工作的老爷爷,还有我最好的朋友 Aliana、Estela,还有许多许多值得我记住的人。

他们教给我的很多东西是言语不可道出的。真实的生活会比什么都好看。路边开商店的 Ree 是一位很和蔼的老爷爷。我们每天上下班都会经过他的商店,每天早上打招呼,下班回家都会进他的店逛逛聊几句。就这样一回生二回熟,我们成了朋友。后来每次去他商店他都会给我打折,还送我们哈根达斯的冰激凌吃,临走之前还送了我一个全银制的很大的纪念币和一提果酒。我们约定明年回去看他,希望那时他还在老地方等着我们。

我怀念那样的我们。我想说,赴美带薪实习不为金钱,更让我感激的是遇到的人、遇到的事,每一位、每一件都够我回味好久。出门长见识、练心。练心取决于你对生活有多敏感,而不是你要受多大苦,受多少压迫,才能爆发出惊人的力量。苦难只是帮助你的可能性之一而已。你需要做的只是把心打开,准备迎接任何东西,好的坏的都有它的道理。

6月29日,公司为我们国际学生举办了 BBQ,来自不同国家、地区的人们聚集到一起。思维和文化的碰撞、人与人之间的交流将这场聚会变得更充实。每个人都那么真实、放松,打开心扉去交流。

7月,公司带我们看了一场棒球盛宴。虽然不太了解,但几乎所有人都愿意去享受这场比赛。在感受文化的同时,我们也更好地了解了他们的生

活。

8月，公司邀请我们参加了员工的家庭日，那天几乎所有员工都带上了自己的家人或朋友前来。游泳池、自助餐、各类冒险刺激的游戏、团队合作的沙滩排球，还有周围天不怕地不怕的鹿群、松鼠……我们是彻底融入了他们的生活里。很幸运，也很感激。

开始旅行了。我们一行七位中国学生第一站去了洛杉矶世界上年纪最大的迪士尼乐园、好莱坞、环球影城（里面的哈利•波特的魔法世界真的强烈推荐，我们玩了两次）。在环球影城里吃了晚饭，三个人以为鸡腿是常规版的小鸡腿，点了三只，结果是火鸡腿，大到三个人吃不了一个。闹了笑话，哈哈。还去了格里菲斯天文台，只是那天晚上没有开馆，但一点也不影响我们看夜景的心情。到中国城，吃到了中餐，买了绿茶和膏药，想家。到奥特莱斯，买到了家人和自己的礼物，完美。

The coldest winter is the summer of San Francisco. 这话说得没错。第二站是旧金山，我们都被冻得不轻。金门大桥，九曲花街，唐人街，渔人码头，日本城，在旧金山每一处都是惊喜。旧金山多样，神秘，柔美，引人入胜，时而平静时而张狂，热烈又内敛，是值得再去一次的城市。希望我下次能把自己的节奏放慢，好好体会。

第三站是拉斯维加斯。这是我们的最后一站。我们到了羚羊彩穴、马蹄湾、西峡谷，夜游老城老街。一路是美景丽人，千奇百变，不同的异域文化在这里碰撞积累，最终自成特色。无论多晚，灯火通明。

这个项目是我大学三年以来做得最正确的决定之一，它改变了我，让我有机会体会到不一样的人生。只要你敢去想，敢去做，此生什么事都有可能发生，最重要的是把握好每一个做决定的机会。它让我经历了夏季飞雪的幸运，不需要等待，在一个季节就体会到了它的两种风采；让我经历了对人身安危的恐惧；让我经历了所有人团结一致面对灾难的仪式感……它让我拥有最真实的感情，来自朋友，来自陌生人。无论是哪一站，无论是哪一种，所有事情都有它的道理。我只想要牢牢把握好它，把握好我所拥有的每个当下，这就是我做这个决定所带来的最有意义的事。我敢说，在这个过程中，我们每个人都成长了，都找寻到了各自的目标并且会更加努力！

生命中每天遇见的人、发生的事，都是惊喜和运气。当心敞开了，这个世界也就对你敞开了。

期待已久的实习

陈珂钰(2013 级,东南亚学院,泰语专业)

实习地点:得克萨斯州

我们这些从前从未离开过父母羽翼庇护的孩子得到了前所未有的锻炼,激发了我们很多潜在的能力。

今年 4 月份,学校举行了一次关于"暑期赴美带薪实习"项目活动的宣讲。正是由于这次宣讲,我埋藏在心中的愿望终于得以实现。从项目报名、电话测试、雇主面试、成都面签到敲定出国日期办理机票,这期间虽然经历了一些困难,但我得到了中介公司老师们的热情帮助。终于在 6 月 13 日,我和另外四位小伙伴踏上了实习征程。

两天路途奔波的疲倦和时差带来的不适也未能缩减我们初踏异国的兴奋。在休整了一天后,我们便来到受聘公司——位于佛罗里达州奥兰多市的 Fun Spot。我们被分到了儿童乐园工作。尽管工作辛苦,时而骄阳烈日,时而大雨滂沱,但每天能和可爱的孩子们在一起,我们浑身充满了干劲。

半个月后,我和另外一位小伙伴被临时调到得克萨斯州的拉波特市工作。这次的工作是客房打扫,有些枯燥乏味,但雇主和其他员工对我们很友好,带我们吃饭、买东西、出去玩,甚至我们负责打扫的一些房间的常住房客还送礼物给我们。两个月后工作结束,雇主还为我们举行了欢送会。在和雇主拥抱告别的那一刻,我体会到了感动与不舍。

工作结束后,我们便开始了为期半个月的美东游。在导游的带领下,我们走过了近十个州,欣赏到了纽约的繁华、华盛顿的庄严、马里兰的休闲、波士顿的精致,还感受了尼亚加拉大瀑布的壮丽和安大略湖的秀美。

通过这次暑期赴美带薪实习项目活动,我充分感受到了美国的风土人情以及东西方人的思维模式差异。除此之外,我还学到了很多东西,很多在家、在学校都无法学到的东西,比如吃苦耐劳的精神、处理突发事件的能力以及与人和睦相处的交往之道。

在美国工作生活的这三个月中,英语能力的提高是其次。更重要的是,

我们这些从前从未离开过父母羽翼庇护的孩子得到了前所未有的锻炼,激发了我们很多潜在的能力。对于我这个本科毕业即将步入社会的学生来说,这段时间的实习经验更是可贵。

收获颇多的实习

徐立清（2013 级，外国语学院，英语专业）

实习地点：得克萨斯州

我很享受这次实习，有机会的话一定会回去看看游乐园的小伙伴，看看自己曾经挥洒过青春汗水的那个游乐园。

6 月 27 日，我登上飞往洛杉矶的航班。第一次坐这么长时间的飞机，还要倒时差，虽说不太适应，但是挺激动的，因为马上就要开始期待已久的实习了。下了飞机我马上去了公寓办理入住手续，中间出了点小插曲，换了个公寓，所以认识了现在很棒的小伙伴。第二天一大早，我们就去参加了培训和测试。因为出门的时候还没有天亮，所以在从公寓去 Sea World 的路上我们第一次在将要度过一整个夏天的圣安东尼奥看了日出，很美。培训过后我们参观了工作的水上游乐园 Aquatica，那里有独特的小木屋，当然也像其他游乐园一样有大型的水上游乐设施，想到可以在那里度过一整个暑假真的很开心。有时候工作的确挺累，但是晚上我们可以一起逛逛超市，去特色的餐厅点上一份当地美食，很惬意。第一次体验不同的生活方式，和想象中真的完全不同。

食品服务是个很有趣的工作。每一天的工作内容都很有新意，会遇到很多有趣的游客，可以交到很多当地的朋友，也可以了解和真正体验英语文化。每天最期待的是有人换班，可以去员工餐厅吃饭，每天都有特色小吃，可以在外面花园里喂小松鼠，还有腿长长的小野兔盯着你看一会儿。

在餐厅工作过后我才知道原来饮食方面要求真的很严格，我在这次实习中学到了对待工作应该独立、认真、负责。在工作的地方我认识了很多朋友，他们经常帮我解围，帮我搬东西，也给我介绍了很多有意思的东西和旅游胜地。这对我很快地适应工作、生活环境和了解当地人文风情很有帮助。我很喜欢圣安东尼奥这个城市，不拥挤，不喧嚣，人很友善，也很热情，经常会碰到一些暖心的事，也会有很多人在我们需要帮助的时候对我们伸出援助之手。在那种环境下自己的口语和听力包括英语的语感提高都非常大，当然

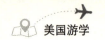
自己不能羞涩,必须要敢说,不怕出错,敢于去锻炼。我喜欢那里的美食,很高兴能有这样的机会去体验、去感受另一种风俗、文化、生活和工作习惯。我很享受这次实习,有机会的话一定会回去看看游乐园的小伙伴,看看自己曾经挥洒过青春汗水的那个游乐园。

我的实习新体验

李淑斌(2012 级,职业技术学院,财务会计教育专业)

实习地点:加利福尼亚州

每个人都渴望去异国体验生活,我也是。

实习一波三折。先是签证出了问题,美领馆全球系统错误都被我遇到,好在最后还是去了。通过学校国际交流中心的帮助我来到了旧金山。我在酒店客房部实习,在上岗之前是要经过培训的。教我们铺床的就是我们的主管,铺床时每一步都有要求,而整个铺床的过程包括甩单、套被子并铺平、三线合一和套枕套,必须在 3 分钟内完成。首先是甩单就很困难,一般要求是一次完成,并且保证床单的中线要和整张床的中线重合。然后是给床单包角,即把床单整齐地包进上下两个床垫之中,这里要的是不能让床单和床垫之间有空隙,否则床单将不能保持平整。接下来开始套被子,这个也很讲究,也很有技巧性,即只要把被子和被套的角进行对应,然后用力甩几下就行,其他细节还要整理,主要是被子的中线要和床、被单的中线重合,这就是铺床过程中的"三线合一"。做完了这些,最后一步是把枕头放进枕套里,要保持饱满的一面朝向床尾,而且枕套的开口的方向朝向窗户。在酒店行业中,这是很有根据的。曾经看过一个案例说,一个女客人误把项链放进枕套里了,就是因为枕套开口的方向不符合规定。培训该记的都记得很清楚了,该怎么铺床也学会了,主管就让我们独自干活了。可是,当我正式去客房部工作时才发现客房服务员的工作还不仅仅是铺床那么简单。客房服务员的首要任务是清理客房,清理客房也是有一定规范可循的。

实习期间了解到,服务员进房间首先要敲门,进门之后第一步是打开窗户,然后收拾垃圾,倒掉,接下来就是开始整理床,要撤下已经被客人用过的被子、床单和枕套等,按照铺床程序一一换上。这一切结束后,开始打扫卫生。要注意的是,这里湿布一般擦木制家具,干布则擦金属和玻璃制的家具,每一个小地方都不能放过。整体上擦拭次序呈环形,整个过程中还要把各种家具器皿归回原位,还要检查房间里消耗了多少日用品,擦镜子时应注意斜着看几眼来检查镜子是否干净等。房间里都打扫完之后,最难的就是收拾卫生间了。这也是我最不愿意干的,卫生间的玻璃上都不能有水印,五金上也一样,更难的是地上不能有头发丝。这一切都结束后,要把卫生间的东西补齐,擦拭时,不能放过任何细节。在整个清理过程中都要认真对待。打扫过之后,要用吸尘器清理地毯,要让吸尘器的吸口顺着地毯的纹理移动,这样就既不会损坏地毯,又能打扫干净。最后一步就是把房间消耗掉的物品补上。如果有丢失的物品,则要记录,并上报主管。实习期间就发生了一件客人弄丢了一块小方巾的事情。由于客人还没走,当客人回来时,由服务员向客人说明情况,最终要客人赔偿了。在客房做服务员工作时,我还了解到每个员工都要有安全意识。服务员要具有一般的消防意识,还应对本酒店和本市比较了解,这样会为客人提供更多意想不到的服务,让客人满意。

老板对我们很好,很多人对我们都很好,都特别热情。给我的感觉就是每个人都会几句中文,酒店的员工特别喜欢中文,他们觉得中文特别神奇,是世界上最神奇的语言。在酒店上班的三个月,每天都是三点一线的生活,感觉时间过得很快,一转眼三个月就过了!

结束了三个月的工作,我们开始了一个月的旅游。在美西我们租了车,开始自驾游。在旧金山,我们看了金门大桥,到了联合广场,走了九曲花街。在洛杉矶去了斯台普斯,去了棕榈泉,去了长滩,去了好莱坞,去了环球影城,唯一的遗憾就是没和魔术师约翰逊的铜像合照。结束了洛杉矶之行,我们去了拉斯维加斯。结束美西后,我们去了美东(波士顿、纽约、华盛顿、费城、曼哈顿、尼亚加拉大瀑布)。在美西节奏是慢的,不像美东节奏那么快,曼哈顿的节奏太快!总之,这一次赴美带薪实习虽然辛苦,但是也挺值得的,我的英语有了很大的提高,现在能与人交谈,能听懂很多以前听不懂的,知道了许多美国人说话的方式,增加了好多新单词,认识了许多新朋友,这次体验很棒。

更大的世界

欧阳雪（2016级研，外国语学院，英语专业）

实习地点：得克萨斯州

这次实习让我看到了更大的世界与不同人们的生活方式，极大地锻炼了我的自立能力。

前期准备

我是通过本专业孙常亮老师发到班级群里的项目说明了解到这个项目的。世界那么大，我想去看看，没有过多的犹豫我就准备参加了。

前期准备工作包括参加简单的电话小测试、参加雇主的面试、提交一系列申请材料、在本学院办理各项证明、撰写和投递中英文简历、办签证、订机票、收拾行李等。我比较幸运，有同寝室的小伙伴一起同行，许多烦琐的事情也不那么枯燥了。

工作篇

我在国内其实从没有过正式上班的经历，在希尔顿做客房管家是我人生中第一份正式工作。刚开始我无比忐忑紧张，担心英语口语、听力不过关，不能与别人很好地交流，担心工作做不好等。第一天我就遇到了一个超级好的主管，她一步一步地告诉我应该怎么做，有哪些步骤，怎么做才可以符合要求，并亲自演示给我看，对于我不懂的问题也一遍一遍耐心地教我。一天下来，我发现客房管家的工作其实并不难，只要足够细心和耐心就好。渐渐地我就不再有那么多担心，工作也越来越得心应手了。在跟着主管工作了一段时间后，每个人就会有自己分配到的房间打扫。我很幸运地跟同去的室友一起工作，这让我安心不少。在希尔顿工作期间，我遇到了很多热情的同事，他们对工作一丝不苟，尽职尽责，力求让每一个房间都一尘不染。在工作之余，他们为人亲和，真诚热情。我遇到的一些实习工叔叔时不时还拿点吃的给我们，跟他们相处我非常开心。在希尔顿期间，我学到了坚持、做事认真的态度。

生活篇

刚到的时候,我不太适应美国的饮食,而且交通极为不便。我们所在的小岛根本没有任何公共交通,去最近的沃尔玛步行都得一个小时,尤其想念中国的米饭。不过,我们还有三个上海来的小伙伴。一切安顿好后,我们就搭伙做饭啦。每天也吃得津津有味,就连我这样以前从来不进厨房的人也学会了炒几道小菜,还是很有成就感的。我们所住的大学城公寓每周日都会有泳池派对,在派对上有很多好吃的,我们还结识了许多新朋友。有一个让我印象深刻的爷爷,65 岁了还在公寓兼职做司机,每天接送我们,笑起来的样子特别慈祥。

旅游篇

工作结束后,我和小伙伴就开开心心地报了一个美东七日游的旅行团,在纽约、华盛顿、波士顿看风景,吃美食,无比惬意开心。

这次实习让我看到了更大的世界与不同人们的生活方式,极大地锻炼了我的自立能力。

YMCA 的日子

周晓雪（2016 级研，外国语学院，英语专业）

实习地点：科罗拉多州

我想再没有一个地方会一次性召集来自 26 个国家的学生，让这么多的年轻人都聚在了一起。

一转眼我在美国待了近三个月了，但是好像昨天我才刚来到这里，来到这个群山环绕的地方。我很幸运自己能够在 YMCA 工作，因为不论是一起工作的同事还是领导都十分友好。

YMCA 有好几个部门，每一个部门都有自己的工作服，夏季的工作服主要是 Polo 衫，我所在的部门是酒店管家部门。在 YMCA 工作与在其他地方工作不一样，这里包吃包住。

我被安排在一个四人间，上下铺，独立卫生间，不过卫生间里只有马桶，没有淋浴。洗澡要去公共的浴室。一间浴室有四个淋浴间。我的室友是三个美国学生，其中一个 20 岁读商科，一个 19 岁，还有一个女生已经毕业了。三个美国女生都很好相处。8 月份的时候她们都陆续离开了 YMCA，没有毕业的两个女生回到了自己的学校继续自己的学业，另一个已经毕业的女生则在 YMCA 附近的城市找了一份保姆的工作。我很喜欢我的美国室友，她们很喜欢讲述一些关于自己的事情。来自明尼苏达的那个女生告诉我，她有一个祖母，还给我展示她祖母去爱尔兰游玩时所拍的照片。来自俄亥俄州的那个女生向我讲述她去南美洲贫穷小国帮助当地人建房子的经历。虽然现在她们都离开了这里，但是与她们一起的日子我永远都会记得。

我每天早上 8 点打卡上班，下午 4 点半打卡下班。有时候工作量稍微大一些，会 6 点多下班。中午 11 点左右，我们所有员工都会去餐厅吃午饭，吃午饭的时间一般都是 45 分钟。我每天的工作就是打扫房间。房间分为两种，一种是门房，一种是小屋。刚开始的时候我有些不习惯，因为工作中有很多要注意的细节，但是随着时间的推移我做得越来越好了。一般而言，大家都更喜欢打扫小屋。我们部门的所有员工每天一早就会在客房管家办公室集

合。办公室里有一块大黑板,每天大家都会被分到不同的小组,都会面对不一样的同事、不一样的领导。

一开始听说自己要当客房管家的时候,我不是十分高兴。但是,当我从事这份工作的时候,我发现这是一份很好的工作,我的周围有美国人、厄瓜多人、西班牙人、牙买加人。一起打扫厨房的时候,一起铺床的时候,我们一般都会聊天,互相交流。

我在洗衣房工作的时候,认识了一位叫 Susan 的美国老太太。其实,我觉得真不能叫她老太太,因为她除了年纪大,其他方面一点都不显老。她工作的时候特别努力,留着一头 Longbo,头发是灰白色内扣的。有一次工作结束后她深情地拥抱了我,对我说,看到我就像看到她以前教过的孩子(Susan以前是历史老师)。她说她相信因为有我们这一代,将来的世界会更加和平美好,以前战争太多了……

我想再没有一个地方会一次性召集来自 26 个国家的学生,让这么多的年轻人都聚在了一起。在 YMCA 的这段记忆我想自己永远都不会忘记。

与世界对话

朱俊波（2016 级研，外国语学院，翻译专业）

实习地点：得克萨斯州

与其说是一次体验，不如说是一次成长——与世界对话后的成长。

去年年底偶然从舍友口中得知有这样一个项目，我并没有很大的兴趣，一来是要交昂贵的项目费，二来是一直觉得出国的安全很难得到保障。犹豫再三，我还是向家里告知了这一项目。因为项目是跟学校合作的，父母对该项目放心了许多。这一次，没有刻意争取，我就得到了一次出国的机会。

总的来说，由于对这次美国行没有本着一定要去的心情，所以我对此行没有太过明确的目的。有人是为了增加经历，有人是为了开开眼界，有人是为了赚钱，有人是为了出国留学做准备。细想下来，我更多的是前者——增加经历，长见识。本科学习了四年英语，研究生又学了翻译专业，却一直没有用的机会。这次应该就是一个很好的机会了。从小到大由于好莱坞大片的影响，我总想亲身体验一下英语文化。如果单纯地选择旅游，顶多会有视觉上的文化冲击，而想感受英语文化，那赴美带薪实习无疑是一个很好的选择。

很多美国人都有多份工作，底层一点的人如便利店收银员、酒店客房服务员这一类，也就是我们接触的这一类，往往都有两到三份工作，如兼做粉刷工、电工、游泳池清洁工和司机。中层一点，就如之前我遇到的一个 Lyft 司机，她是一名幼儿园老师，那算是她的主业，而由于有金融的专业背景，她还做着金融顾问，闲暇时候出来跑跑 Lyft，拉拉客。"职业"这个概念在他们眼中似乎很淡薄，无非都是谋生的手段，他们更加看重的是家庭。

我在得克萨斯州加尔维斯顿岛上的希尔顿酒店做客房服务。6—8 月是旅游旺季，这个位于墨西哥湾北部的小岛吸引着众多的国内以及国际游客，希尔顿酒店客源不断。客房服务是一个枯燥寂寞的工作，几乎都是在客人出去游玩以后进行房间打扫。一个人工作，几乎没有任何交流，唯一的交流就需要补给物品时问老员工要。同事黑人居多，口音较重。由于工作性质，客

房服务可以更加全面地认识客人的生活观,因为接触的都是私人空间。每个房间都是一个家庭的缩影。

从房间里的私人物品来看,客人很注重生活品质。希尔顿属于中高端酒店。在我打扫过的房间里,几乎每一个房间都会放着一本书。有的合起来随手放在床头,有的则是读过一些,打开以后翻过来随意压在枕头上。粗略算下来,有百分之八十的住客是有阅读习惯的。

其次是酒和零食。冰箱里有酒,桌子上有零食,这也是一大常态。美国街头放眼望去净是胖子。抛开体质不谈,这多半源于他们的饮食习惯。就像之前我坐公交车的时候一个路人跟我闲聊的,她说她喜欢中国菜,烹饪方法多,而且健康。

再次是孩子的随身玩具。无论是还在蹒跚学步的婴儿,还是已经上小学的小孩子,都会带着随身玩具。可以看出来,有的是在当地买的纪念品,比较新,有的比较旧。还有飞盘、橄榄球这类供家庭娱乐的玩具。他们旅游的时间很短,一般也就停留一两天,但还带着这些看似累赘的东西。导致这一现象的原因,或许跟现在的汽车文化有关。他们都是自驾出行,也不怕东西放不下了。

我在开头提到的那个 Lyft 司机,是在新泽西旅游的时候遇到的。她家在华盛顿,爸爸和舅舅都在政府任职。她告诉我她最近在看《权力的游戏》,我就问她有没有看过《纸牌屋》。她说几乎她所有的朋友都给她推荐了这部剧,觉得她住在华盛顿特区,家里又有人在政府任职。但是,她不太想去看。她更喜欢积极向上的东西。可能因为家庭教育较好,而且自身学识也高,不受经济条件的限制,她告诉我她跑 Lyft 完全是为了消遣。因为聊得开心,她免了我们回去的车费。

这次去实习,我感受到了不一样的风土人情,跟世界各地的学生交流,了解了他们的观点。与其说是一次体验,不如说是一次成长——与世界对话后的成长。

美国中部

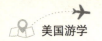

编 者 按

天下之事,闻者不如见者知之为详,见者不如居者知之为尽

  要想成就大的事业,一定要立大的志向,一定要勤奋。志向不能够仅仅是轻描淡写,它要付出艰苦的努力,而且要笃行。作为当代青年,我们要"为世界进文明,为人类造幸福,以青春之我,创建青春之家庭,青春之国家,青春之民族,青春之人类,青春之地球,青春之宇宙,资以乐其无涯之生"。这是新时代对我们的号召。

  时至今日,已有5名民大学子分别赴美国中部的俄亥俄州、明尼苏达州、威斯康星州、印第安纳州等地开展文化交流游学活动。同学们感受着两国的不同,学会不再用单一的眼光来看这个世界。同学们在美国中部有的从事快餐行业,有的从事清洁工作。

  本篇章聚焦美国中部,美国中部主要矿产是砂石、建筑石料和工业用石灰,牛奶产量大,造纸业发达。美国中部流行音乐、戏剧以及舞蹈的演出多,人们文化生活活跃。5名民大学子的文章篇数虽少,但内容丰富,表露的真情实感在文字中流淌着,他们收获满满,享受着生活的快乐。"走出去,你才能看到世界。"民大学子怀着包容世界的胸怀进行交流,愿意与世界展开对话和交流,分享自己的喜怒哀乐,经历成长的跌跌撞撞,一路高歌,一路前行。

走出去，你才能看到世界

彭 元（2015级，应用技术学院，旅游管理专业）

实习地点：俄亥俄州

我懂得了理论与实践相结合的重要性，获益良多。这对我今后的生活和学习都有很大的启发。

今年夏天，我参加了学校组织的赴美带薪实习项目。实习是漫漫人生路中一个重要的磨炼过程，是大学生步入社会之前的一个非常重要的过程，也是获得工作经验的一个重要阶段。

我在美国实习期间勤奋工作，按时上下班，还获得了每周最佳员工的奖励。小草用绿色证明自己，鸟儿用歌声证明自己，我们要用行动证明自己。我用行动证明了我自己，证明了我在实习期间工作的努力。现在的实习，能为以后的成功奠基。不经历风雨，怎么见彩虹，没有人能轻轻松松成功。在现今社会，招聘会上的大字板总写着"有经验者优先"，可是还在校园里面的我们这班学子社会经验又会拥有多少呢？实习可以拓展学生的知识面，扩大与社会的接触面，增加学生在社会竞争中的经验，锻炼和提高学生的能力，以便在毕业后能真正地走向社会，并且能够在生活和工作中很好地处理各方面的问题。老师曾说过，学校是一个小社会，但我总觉得校园里总少不了那份纯真，学生终归保持着学生身份。而走进企业，接触各种各样的客户、同事、上司等等，你得去面对你从没面对过的一切。记得在我校举行的招聘会上所反映出来的一个问题是，学生在校的理论学习与实际操作能力有一定的差距。在这次实践中，这一点我感受很深。在学校，理论学习得很多，而且是多方面的，几乎是面面俱到的，而实际工作中，可能会遇到书本上没学到的。或许工作中运用到的只是简单的问题，只要套公式就能完成一项任务。有时候你会埋怨，实际操作这么简单，但为什么书本上的知识让人学得那么吃力呢？"两耳不闻窗外事，一心只读圣贤书。"那只是古代读书人的美好意愿，它已经不符合现代大学生的追求。如今的大学生身在校园，心胸却更加开阔。他们希望自己尽可能早地接触社会，融入丰富多彩的生活。时下，兼职

的大学生正逐渐壮大成为校园里一道亮丽的风景。

　　实习的途径和形式多种多样，只要是对社会有益，对自己积累人生经历有益，还能够有少量收入，就可以毫不犹豫地参与其中。我在美国实习的工作岗位是酒店洗衣房员工，负责清洗酒店的床上用品和宴会布置品，这并不是一个轻松的差事。在学校上课时都是老师讲授，学生听讲，理论占主体，而我对知识也能掌握。本以为到了企业能够应付得来，但是在企业里并没有想象得那么容易。美国的公司要求员工工作积极、严谨，我尽自己最大的努力去实习，想在未来回忆起自己的实习经历时对自己的工作岗位不留遗憾。在学校里可能会解一道题、算出一个程式就可以了，但这里更需要的是与实际相结合。没有实际工作能力，只是纸上谈兵是不可能在社会立足的，所以一定要特别小心谨慎，而且一旦出错并不是像学校里一样老师打个红叉，然后改过来就行了。任何一个细小的差错都会使原先的工作前功尽弃，所以一定要认真工作，才能把工作完成得更好。总之，这个夏天的赴美带薪实习丰富而又有意义，一些心得和体会让人感到兴奋，但却绝不是仅仅用"兴奋"就能描述的。因为这是一种实实在在的收获，是对"有经验者优先"的感悟。在我的实习生活中，我也明白了许多：在日常的工作中上级批评下级是不可避免的，这也给我上了宝贵的一课。它让我明白听取他人的意见时一定要心平气和，只有这样才能表示你在诚心听他说话。虽然被批评是很难受的，但是要明确表示你是真心在接受他们的批评，这样才能在失败中吸取教训，为以后的成功铺路。我们要学会从哪里跌倒就从哪里爬起来。

　　我也从工作中学习到了人际交往和待人处世的技巧。在人与人的交往中，我能看到自身的价值。在这次的实习中我认识了来自法国、土耳其和阿塞拜疆的朋友。虽然我们的母语都不是英语，但是通过简单的英文交流也能传递真实的情感，让别人了解到你是怎么样的人。对待朋友，切不可斤斤计较，不可强求对方付出与你对等的真情，要知道给予比获得更令人开心。不论做什么事情，都必须有主动性和积极性，对成功要有信心，要学会和周围的人沟通思想、关心别人、支持别人。

　　在美国实习的日子，有喜有忧，有欢乐，也有苦累，也许这就是实习生活的全部吧。我不知道多少到美国实习的人有过这种感觉，但总的来说，这次的实习生活是我人生中迈向社会的重要一步，是值得回忆的。现在想来，三个月的实习生活，我收获还是蛮大的。我所学到的生活的道理是我在学校里无法体会的,这也算是我的一份财富吧。

现如今,在人才市场上大学生已不是什么"抢手货",而在每个用人单位的招聘条件中,几乎都要求有工作经验。所以,大学生不仅仅要有理论知识,工作经验的积累对将来找工作也同样重要。事情很简单,同等学历的人去应聘一份工作,公司当然更看重个人的相关工作经验。就业形势不容乐观,竞争程度日趋激烈,面对忧虑和压力,于是就有了像我一样的在校大学生选择了赴美实习。实习期虽然只有三个月,但是在这段时间里,我们却可以体会一下工作的辛苦,锻炼一下意志品质,同时积累一些社会经验和工作经验。这些经验是一个大学生所拥有的无形资产,到了关键时刻,它们的作用就会显现出来。

大学生除了学习书本知识,还需要付诸行动去实习。因为很多的大学生都清醒地知道"两耳不闻窗外事,一心只读圣贤书"的人不是现代社会需要的人才。大学生要在实习中培养独立思考、独立工作和独立解决问题的能力。通过参加一些实践性活动可以巩固所学的理论,增长一些书本上学不到的知识和技能。知识要转化成真正的能力要依靠实践的经验和锻炼。面对日益严峻的就业形势和日新月异的社会,我觉得大学生应该转变观念,不要简单地把实习作为挣钱或者是积累社会经验的手段,更重要的是要借机培养自己的创业和社会实践能力。

现在的招聘单位越来越看重大学生的实践和动手能力以及与他人的交际能力。作为一名大学生,只要自己能承受,就应该把握所有的机会,正确衡量自己,充分发挥所长,以便进入社会后可以尽快走上正轨。

除了工作中我学到很多很多在学习中无法学到的知识和经验外,在我看来,我最大的收获是,我变得很开朗、很自信。以前在人群里,我胆小得几乎宁愿缩在角落里,希望没人能注意到我。而这一次,在我回国后的演讲里,我变得很自信,我勇于在大家面前表达我的看法,在讲台上不再怯弱。这次参加赴美带薪实习项目使我转变了思想观念,让我有了很大的改变,而且这个改变,是我之前都一直想要的。我学会了更加全面地思考问题。

在这次赴美带薪的实习中,我懂得了理论与实践相结合的重要性,获益良多。这对我今后的生活和学习都有很大的启发。这次的实习是一个开始,我相信这个起点将会促使我逐步走向社会,走向成熟。这次的实习的确给予了我很多。我将继续保持认真负责的工作态度、高尚的思想觉悟,争取在以

后的学习中更好地完善自己，在以后的实践中更好地去运用自己的知识，做一个合格的大学生，做一名对社会有用的人。

在这短短的三个月里，我除了学会了一些工作的基本技能外，也学到了做人做事的道理，更让自己浮躁的心平静了下来，看清了自己的能力，明白了自己究竟想要的是什么。这些都是在学校中学不到的宝贵的东西。我看到了社会竞争的激烈，明白只有保持进取心才能使自己不被淘汰。实习结束之后，当初我对自己适合什么样的工作什么岗位的迷茫已渐渐消失，心里终于有了些轮廓。在现实生活中，走好人生路的重要性不言而喻，它会影响我们今后的道路。我会带着在实习中的收获，去争取，去努力，去把握好人生中的每一个机会，找到自己想要的生活。相信明天会更美好。

暑假，我去了明尼阿波利斯

李济倩（2016 级研，外国语学院，英语专业）

实习地点：明尼苏达州

> 这 3 个多月的实习生活我得到了很多，也成长了很多，开始学会不再用单一的眼光来看这个世界。

在这个暑期，我告别了家人，参加了赴美带薪实习项目，来到了明尼苏达州，开始了为期 3 个月的带薪实习之旅。在这 3 个月的工作、生活和旅行中，我感受了地道的英语文化，结交了许多朋友，而更重要的，是看到不断成熟与进步的自己。

此次赴美带薪实习，是我第一次出国，因此旅途上感觉格外兴奋和新奇。我 6 月 2 日下午从昆明长水机场出发，于香港转机至纽约。经过长途飞行，到达美国已是当地时间 3 日中午 12 点。一出机场便感受到纽约略带闷热的气息，和昆明的气候差不多，让我感觉很熟悉。

由于初来乍到，对当地路线完全不熟悉，我只能询问机场工作人员和路人。他们帮我指路，告诉我如何从机场到达宾馆。其中一位机场工作人员女士最让人感动，她一边拿出手机帮我查地图，一边站在马路边帮我拦机场接驳车，最后还说如果有任何问题可以回来找她。这位女士的热心让我这个身在异乡的外国人的心中涌起一股暖流。尽管人生地不熟，但却并未寸步难行。带着这般好心情，我与同伴开始了前往明尼阿波利斯的路程。

6 月 3 日下午，我们到了明尼阿波利斯。初到这个城市的我们对一切都感到陌生，甚至连买地铁票都摸不到头脑。为了找到租的房子我们更是被弄得晕头转向。最后找到了租的房子，才发现住的地方什么东西都没有，没有被子，没有做饭用的厨具，这对于又累又困的我们无疑是当头一棒。我们当晚只能在床垫上睡了一觉，第二天才去买了一些生活用品回家。这种无助的感觉在国内从未体会过，但是在国外你只能让自己学会长大。

6 月 5 日，我们开始了 Target Field 棒球场的工作。经过了一天多的培训，我们对这份工作也大体了解了，工作主要是在不同摊位上卖冰激凌或者热

狗,每天的生活通常是工作、吃饭、晚间小聚。遇到有一天或者两天的休息日,便约几个朋友出去逛逛,欣赏欣赏明尼阿波利斯的美景。而就在这平凡无奇的生活中,我一点点融入了当地的文化中。我逐渐学会见人就说"你好吗",甚至只是路上碰到的游客,我也敢于真诚地说声"你好"。我还学会了怎样用自己的微笑给予他们尊重与力量。

9月,在棒球场工作了近3个月的我们结束了工作。在这近3个月中我收到过陌生人的笑容、赞美与巧克力。当然,在这中间也有过不是那么愉快的事情,比如有的客人也对我的服务不满意。与难过相比,我在这个棒球场收获更多的是快乐与友善,我认识了很多其他国家的学生,也了解了很多国家的习俗与礼仪。这3个多月的实习生活使我得到了很多,也成长了很多,开始学会不再用单一的眼光来看这个世界。

我坐上了从上海飞往芝加哥的飞机

樊家铭（2014级，研究生院，行政管理专业）

实习地点：密歇根州

在 Mission Point 还是有很大的收获的，我认识了来自很多国家的人。

2015年6月14日，我坐上了从上海飞往芝加哥的飞机，途中跨越太平洋和美国本土，飞行了15个小时之后终于到达芝加哥奥黑尔机场。到达芝加哥后，就开始了我的囧途。

我的工作是酒店管家，地点在密歇根州麦基诺城 Mission Point 酒店。这个酒店有500名员工，有150人左右是牙买加人，他们占据了很多一线岗位，平时和他们打交道最多。这个岛的地理位置真的是非常偏僻。到这个岛只有两个方式：一个是飞到底特律，然后坐灰狗巴士去麦基诺城或者圣伊格纳斯，再坐渡轮上岛；另一个是到芝加哥，然后坐灰狗巴士或者联系一个雇主推荐的接机服务送到麦基诺城或者圣伊格纳斯。我和同学校的一个女生同行。我们到达芝加哥后本来打算坐灰狗巴士的，打了个的到芝加哥中央车站，那个时候快晚上8点了。我们到了那才发现那个车站并不是一个纯粹的公共汽车站，而是一个卖火车票为主、卖灰狗巴士票为辅的车站。我们好不容易找到了卖巴士票的窗口，结果巴士售票员不知道干吗去了。火车票售票员告诉我们灰狗巴士售票员要8点半才回来，然后我们就一直等啊等，等到8点45了那人也不来。那个时候天色已晚，和我同行的女生有点害怕了，因为感觉那个地方并不安全。其实我来之前是打算预订接机服务的，不过后来因为时间的原因没有谈拢，因为接机那人说要让我们在芝加哥待到17号，他们还要等几个人，要把他们的车坐满了才能出发。同行女生后来等得很难受，我也看到天色晚了，感觉不安全，我就又重新拨打了接机人的电话（还好我在国内买了电话卡），让他来车站接我们。我们等啊等，等了一个小时，从8点45等到9点45，他们终于来了。接机人是两个美国男士，看到他们向我们招手，我们瞬间觉得踏实了。上车后，他们介绍了下情况，带我们去机场附近的一个汽车旅馆，让我们住两天，周围比较安全，吃东西也很方便。后来我和同行女生想了一下，就这样吧，至少定下来比较放心。第二天，我们打算去芝加哥市中心玩一下，找轻轨也找了半天。17号，我们又到了机场，接机人又等来了几个人，然后我们就出发去麦基诺城了。到了麦基诺城已是凌晨，我们随便找了个小旅馆住下，然后第二天一早就坐船登岛。我们登上岛第一眼就看到了马车，那匹马确实让我比较惊讶，因为长得又高又壮。之后我们一行人到了我们的雇主酒店 Mission Point，在人力资源室填了几张表，就算入职了。

在 Mission Point 还是有很大的收获的，我认识了来自很多国家的人，印象最深的外国人还是牙买加人。我和很多牙买加同事建立了深厚的感情，他们给我做鸡蛋煎饼，给我修眼镜，工作上给我很多指导。我们一起交流中牙文化，他们说在牙买加有很多中国人开商店、开超市，做很多生意，人很好。我也送给他们中国的毛笔书法作品，给他们介绍中国的文化和现代化。我工作彻底结束后，一位牙买加大妈很舍不得我，说和我在一起工作很享受，然后我们也留了邮箱等联系方式。除了牙买加兄弟姐妹们，我与罗马尼亚人、马来西亚人和厨房的一些同事也是相处很融洽，互相帮助，互相娱乐，一起喝酒，一起去 party。说实话，接触到的美国人并不是很多，我们主厨和他老婆是美国人。他老婆对我们中国来的真是超级好，每天乐呵呵地和我们打招呼聊天，一想到她意气风发带有一点滑稽的打招呼方式我就开心。当然，我们在这个小岛上并没有什么可玩的，除了工作就是待在宿舍，偶尔在岛上逛一下，环个岛。说到宿舍真的是又要回归吐槽了，真是很一般，来之前看了描述说了像公寓一样的，结果是个4人间，两张床一间，我们那间估计只有8平方米，太拥挤了，气都不透，上厕所洗澡还得用公共卫生间。还有员工餐厅，不仅我们说，而且美国来打工的以及牙买加人都已经吐槽不下去了，那个食物做得一天比一天难吃，而且有时候还没几种，每天都是一样的。

最后，感谢云南民族大学提供了这个平台让我有机会出去开阔自己的视野，丰富阅历。

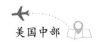

我的实习之旅

傅炜楠（2016级研，外国语学院，英语专业）

实习地点：明尼苏达州

你会不禁感叹国家给自己带来了多么巨大的力量，让你时刻感到身为中国人的自豪。我们今天在中国享有的权利并不比美国少。

转眼间我即将结束在美实习的日子。在这趟旅程中，我学到了不少的东西，学到了独立、跨文化交际，打开了自己的眼界。当然，我还看到东西方社会文化的差异，同时也看到了东西方各自的不足。在工作期间，我经常能看到当地人非常热情地招呼我们。他们温和亲切的性格让我们倍感温暖，对于我们的过错，没有指责，只有教导。他们对于我们对自己国家的赞美更是羡慕。他们精打细算，为自己做好准备。独立自主真的是最为准确的形容了。

他们有能力，能清楚辨别是非，解决问题，只是他们选择了简单的相处方法。他们不喜欢被过多地询问隐私问题、个人问题或者麻烦的事。他们会将事情非常分明地划分，有时候是件好事，有时候却显得有点冷漠。这可能源自他们不喜欢依赖别人，同样也不喜欢被依赖。他们一旦认定的事，很难被改变。他们感情先于理智，有时候自我意识过大，纷争非常容易爆发，但来得快去得也快。他们性子非常急，生活节奏却是异常的慢。

但是，明尼苏达州给人带来舒畅。明尼阿波利斯是个阳光城市，景色很好，而且有大量的湖泊和公园。所以，这里的人特别喜欢外出，享受这里给他们带来的感受。其实，有闲情逸致时，光是等公交都能感觉到自己其实在度假胜地。

在这里，最开心的事不是体验了多少新鲜事物，而是当你看到一个个熟悉的面孔、一个个身在异乡的中国人有尊严地活在世界的每一个角落。你会不禁感叹国家给自己带来了多么巨大的力量，让你时刻感到身为中国人的自豪。我们今天在中国享有的权利并不比美国少。

总而言之，中国人的身份就刻在我们身上，我们要做的，就是让它在世

界民族之林当中独树一帜,熠熠生辉。

　　美国文化的优点,我觉得我们可以借鉴。我们自己的好品质要继续发扬,正是这些好品质才造就我们的特色。

文化的碰撞

刘易之（2016 级研，外国语学院，翻译专业）

实习地点：印第安纳州

中国的国际化程度及参与全球管理和治理的深入，要求我们拥有优秀的英语能力！

2017 年 5 月，我参加了学校组织的赴美带薪实习项目，为期 4 个月。我在 5 月底入职。在此之前我首先到达了印第安纳州波利斯市，再坐公交车到了拉法叶市，最后来到蒙蒂塞洛市的 Indian Beach。我在工作之前接受了为期 3 天的救生员基本技能培训，主要内容是如何用正确的姿势抢救溺水者、如何进行心肺复苏以及救生员之间如何用手语沟通等。正式工作的救生队成员一共有 30 个人，每 20 分钟轮换一个位置。工作时间从早上 11 点到晚上 8 点，薪水为每小时 9 美元。

我在同美国当地人一起工作的同时也跟他们成了好朋友。美国人很乐意和我沟通，也对中国文化非常感兴趣。我向他们介绍了中国的历史、当代中国的概貌。我们所处的游乐园位于两个湖的中间，两个湖分别叫作 Schafer 和 Freeman。站在游乐园里不仅可以欣赏园内美丽的景观，还能远眺湖光风景。家住湖边的美国人都修建了自己的小码头，建筑物错落有致，每天都有游客乘坐游艇或者水上摩托在湖面游玩，热情的游客也不停地向岸上的游人挥手致意。我和美国朋友都相处得非常好。因此，他们也经常带我去各种地方游玩。我去过印第安纳波利斯的音乐会看表演，在湖面乘坐摩托艇，在朋友家里享受美食和 party。4 个月的时间我体验到了不同的美国生活，看到人与动物和谐相处的愉悦，看到人们携家带口享受生活的乐趣，也听别人讲述自己童年遭遇的故事。这里的所有经历都让我从不同的角度认识美国。

从 9 月 5 日离开蒙蒂赛洛的那天起，我踏上了一个人的旅行之路。我来到了芝加哥，住在朋友家里。芝加哥给我的印象就是大城市的繁华和高冷。芝加哥是个种族大融合的城市，在任何地方都能听到不同的语言，看到不同

种族的人来来去去。华人在芝加哥尤为众多，可以看到许多年轻的中国小姑娘在购物中心购物，年纪稍大的华人已经在唐人街落地生根，他们有的来自台湾省，有的来自广东省，有的来自江浙。很普遍的一个现象是这里很多的中餐馆其实都是粤菜馆，对于我一个四川人来说是有些吃不惯的。因此，我到了芝加哥第一件事就是找了家川菜馆狠吃了一顿。

　　作为英语系翻译专业的学生，我充分利用这里的语言环境，不遗余力地尝试不同的英语表达方式。在此过程中，我认为最困难的在于描述事情的能力以及听力理解。好的沟通交流一定是以丰富的知识背景为基础的。因此，百科知识也极为重要。中国的国际化程度及参与全球管理和治理的深入，要求我们拥有优秀的英语能力！

美国北部

编者按

知是行之始，行是知之成

"知是行之始，行是知之成。"实践是获取认知的必经之路，实践才能出真知。几经磨难，总有所悟，总有所得。

近5年，14名民大学子分别赴美国北部的蒙大拿州、俄勒冈州、北达科他州、南达科他州、怀俄明州等地参加文化交流游学活动。同学们回首3个月的时光，思绪纷飞，感慨万千，回忆是美丽的。他们倾吐成长岁月之心声，展青年之风采，将之存入生命的档案。我们不必惋惜美好时光一去不复返，也不必叹惜岁月如梭。我们应展开翅膀，为了理想的明天做好充分的准备，为成长而喝彩！

"专读书也有弊病，所以必须和现实社会接触，使所读的书活起来。"同学们在美国北部有的从事销售，有的从事快餐行业，有的从事保洁……他们作为文化交流亲身体验者，不仅展示了我国当代大学生的风采，还增进了两国了解。

本篇章聚焦美国北部。美国北部经济上以农牧业为主，作物主要有燕麦、大麦和甜菜，亦有重要的采矿和伐木业。这里有相当特殊的自然风貌，有巍峨的山脉、广袤的草原、国家冰川公园。人文风情也与别处不同，有电影的取景圣地、著名的交响乐及合唱团。同学们在这里体验着美国的文化，自觉地与他人进行交流对话，博采众长，挖掘自身发展的潜力。他们自觉担当文化的使者，分享差异和不同，培养世界眼光和国际视角。

异域风情见闻记

凌　韩(2017 级研,外国语学院,英语专业)

实习地点:蒙大拿州

也许正是因为经历了各种各样冒险、刺激的活动,我才变得越来越勇敢、自信。感谢这些经历!

我在美国差不多待了三个半月,现在已经回到学校。在这三个半月的时光里,我认识了很多人,交到了知心朋友,很开心,也很不舍。我的口语也得到了很大的锻炼,交际能力增强了。以前的我总是说话很小声,没有自信,而现在的我已然变得自信了许多,说话也有了底气。我认为最大的变化是我变得独立了,不再总想着依赖他人。这些对我来说,都是莫大的进步。

我想在这篇文章中多分享一些我在美国的所见所闻以及那些有趣可爱的人。我所在的地方是蒙大拿州的怀特菲什,是一座人口稀少但风景优美的小镇。蒙大拿位于美国的西北部,而怀特菲什又位于蒙大拿的西北部,靠近加拿大。我的工作地点位于怀特菲什山区度假村。我在山顶上的餐厅工作。餐厅名曰 Summit House,海拔有 2 000 多米。有时候山上会特别冷,需要穿棉衣,不过餐厅里很暖和。我可以每天乘坐缆车上下班。有一次在搭乘缆车下山的过程中下起了冰雹,那是唯一一次在美国经历这样恶劣的天气。不过,那次我们都很快乐。

我的工作内容主要是清洁,包括打扫卫生间、洗碗、收拾餐桌、倒垃圾,有时候还会准备食物。虽然大部分都是又脏又累的体力活,但是我也因此得到了很大的锻炼,变得更加可以吃苦,不怕脏和累。和我一起共事的有三个人来自克罗地亚,一个人来自捷克,其余的都是美国人,基本上都是同龄人,差不了几岁。美国同事非常独立,他们能自己做的事情几乎不会让别人帮忙。如果我想帮忙的话,通常都得问一句 "May I help you?" 来征得他们的同意。他们最常说的两句话是 "Excuse me" 和 "Thank you"。说 "Excuse me",是因为他们有很强的空间观念,也就是说人与人之间的距离。有时候当我走过去离他们还有一段距离,他们也会这样说。还有,感觉美国同事无时无刻

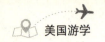

不在说"Thank you"。只要我对他们表示关心问候或者帮助了他们，他们就会说"Thank you"。

我住的地方离市中心步行七八分钟，庭院里一共住着24个国际学生，两个人一间房，有厨房、冰箱、微波炉、浴室，空间还算大。我的室友来自四川，比我小几岁，现在读大四了。来自中国大陆和台湾省的学生是最多的，一共有13个。其他的来自土耳其、捷克、克罗地亚、加纳、阿塞拜疆。因为来自不同的国家和地区、不同的文化背景，所以口音也会千奇百怪。刚开始见到他们的时候，我常常听不清楚他们在讲什么，有时候一个单词或者一句话需要问好几遍才懂。不过，后来大家交流多了，就逐渐适应了各种各样的口音。我还会热情地学习他们的母语，当然仅仅限于一些基本问候，不过这为我们带来了更多乐趣。

我在那里遇到了我最好的美国朋友，他叫Louie。虽然他年纪比我父亲还大，但是我们却成了最好的朋友。他每天开着SNOW BUS，载着我们往返于住处和工作地。几个月下来，他几乎都没有假期。我跟他也就是在每次上班或下班的二三十分钟路上聊天，聊着聊着就成哥们了。我喜欢跟他交流俚语，他会很耐心地教我，因为我知道美国人在日常交流中会使用大量的俚语。我要是想学更地道的英语，我就必须学习俚语。美国人见面问候会有各种不同的表达方式，如"How are you doing?""How's it going?""Hey, what's up?"在这之前我恐怕最熟悉的就是"How are you?"除了交流俚语之外，我们还会交流音乐、电影、食物、经历等。正是因为Louie，我认识了各种各样的音乐，认识了那些20世纪美国很有名的乐队，比如Pink Floyd、Fleetwood Mac、Twisted Sister，很感谢他让我认识了这么好的乐队。我还记得最后的几周我们会一起去酒吧。我很喜欢当地的一家叫Great Northern的酒吧，里面有乒乓球、桌球、弹球机。我们一起切磋乒乓球和桌球。那样的时光真的很美好。这里顺便提一下，我很喜欢酒吧的氛围。我在那里感觉很惬意，可以随意跟任何人搭讪交朋友，可以观看超级震撼的乐队演出，可以随着音乐手舞足蹈，可以忘记一切不快乐的事情。

要问周边有什么好玩的，我不得不提一下国家冰川公园。这是任何一个来到蒙大拿的人都想去的地方。因为风景优美独特、空气质量好、动物资源丰富，且地理位置独特，位于美加边境地带，所以也会有很多来自加拿大的游客。在这里我想先提一下另外一个朋友Sam，我是在当地的一家名为

Firebrand 的旅馆餐厅认识他的。当时我正同另外一个中国小伙伴去找二工，恰巧在那里认识了他。他之前到过中国，并且还当过外教，很喜欢中国。虽然他比我还小两岁，但是经历已经比我丰富多了。那天，Sam 开车带我们去了国家公园，沿途看到的那壮观的地形地貌就足以让我心潮澎湃。远处的巍峨山峰那时还覆盖着层层冰川，幽深的大峡谷连接着一座又一座山峰，令人顿时豁然开朗，深深地感受到大自然的伟大！在游玩途中，我们还有幸看到了地松鼠、北美野山羊、白尾鹿。那是非常快乐而且有意义的一天！

我想提一下另外一个好玩的地方，那就是我们度假村。那里有很多游乐设施，比如高空滑索、空中冒险乐园，还可以登山远足、骑山地自行车等。在那里我第一次玩到了高空滑索，那是一次全新的体验，很刺激、很享受！后来我趁着休息日一个人去了空中冒险乐园，比高空滑索更加有趣，玩的就是心跳、力量、恒心和勇气。但那天由于时间来不及，最难的那条线路没有玩。再后来，在准备离开怀特菲什的前两天，我和室友瑞文一起再次去了冒险乐园，终于挑战成功了最难的那条线路。但在这个过程中我的确坚持得很辛苦，因为玩到那条线路时已经没剩多少体力了。后来在现场工作人员的鼓励和帮助下，我完成了所有项目，那一刻，我感到无比自豪！

在这几个月里，我做的最大胆的一件事就是高空跳伞。玩这个项目其实挺贵的，包括照片和视频一共花了我 340 美元。但是，我觉得非常值得，就应该趁现在抓住机会去做这些我想做的事，因为以后不知道等到哪一天也许我就不会去做这件事了，我想到那个时候我一定会后悔。

也许正是因为经历了各种各样冒险、刺激的活动，我才变得越来越勇敢、自信。感谢这些经历！

八月份，我开始了二工——在一家叫 Ciao Mambo 的意大利餐厅当洗碗工。这家餐厅的空间特别狭窄，但是每天晚上座无虚席。还有一点，气氛比较喧闹，灯光非常昏暗，可能就是为了营造一种气氛吧！洗碗的地方位于负一层。初到第一天，感觉很不好，环境又脏又乱，食物的残渣洗碗池里、地上到处都是，简直让我感到恶心。虽然这里环境不那么好，但是刚好可以锻炼我的吃苦能力，并且多了和当地人说话的机会，这才是真正地道的英语环境。

二工的经理 Rod Lynn 人超级好，有着亚洲人的面孔，来自夏威夷，跟她聊天特别随意舒服。她人特别幽默风趣，喜欢说"Damn it!"她还要我教她

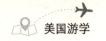

中文。我教她的第一个词是"晚安"，她会立马把音写在纸上，感觉 Rod 是真的活在当下。正因为二工有 Rod 在，所以增添了不少乐趣。后来，在离开怀特菲什的前几天，我们几个男生邀请了她来吃火锅，食材都是我们自己准备的，那一顿火锅我们吃得特别开心，也很感动和不舍。Rod 虽然比我妈还大一岁，但是心态却异常年轻，称姐姐也不为过。

当然了，话说回来，我们还请 Louie 吃了火锅，她来的时候还给我们带来了礼物——一打啤酒和一个哈密瓜。当时聊过一些什么记不太清了，但那绝对是一顿快乐的午餐。Louie 下载了微信，好友都是中国学生，她会看我们的动态，她自己也会发动态。她跟我说过她讨厌社交软件，但是她为了我们用起了微信。现在我可以每天通过微信跟她视频或者语音聊天，在聊天的同时我的口语也在逐步提高。

这几个月时间里，我收获不少。第一，我提升了自己的口语能力；第二，我比以前更加自信、独立；第三，我不再惧怕脏和累；第四，我认识了许多美国朋友；第五，我对英语文化有了更深入的了解。

别样的实习,燃烧着我的青春

孙欣玥(2016级,应用技术学院,汉语国际教育专业)

实习地点:俄勒冈州

> 我接触了不同的文化,体验了不同的生活,也和不同文化水平的人一起打过交道,开阔了自己的眼界,也锻炼了自己的毅力。这样的学习的确实是课堂学习的有益补充。

紧张 激动 焦虑

第一次知道有这个赴美带薪实习的项目是在学校的宣讲会上。大体知道这个项目之后,我很感兴趣,和父母商量后也得到了支持,果断报名参加。由于报名时间太晚,我每天在焦虑中度过!怕找不到好的雇主,怕面试不过,怕签证不过。还好一切都很顺利。

幸运 美景 享受

我工作的地方是美国国家公园之一——火山口湖。第一次见到火山口湖的时候我惊艳得说不出话。湖水是一眼望不到底的深邃蓝,四周被火山围着,神奇的是湖的中间还有一个名为巫师岛的小岛。想了一下我可以在这个地方工作三个月就忍不住觉得自己还真的是幸运。然而,越到后面才发现自己越是幸运,因为火山口湖的美绝对不仅仅是才看到的那个样子:夜晚的星空,每天的日出和日落,又抑或是每天上班途中偶遇的小动物(可以看到小鹿和小松鼠)。更神奇的是,黄昏的时候它有着属于它自己的粉红色的天空。我每天都在感受星汉灿烂,目睹斗转星移,体验自然生活。宇宙和自然的伟大力量让我感动、敬畏,直到现在,我回想起火山口湖还是会为它的美而倾倒,它就是上天赐给这个世界的一块蓝宝石。

友情 冒险 温馨

我们都是J-1签证,在这里遇到了来自不同国家的朋友,有来自土耳其的、马其顿的、泰国的、牙买加的朋友,也有美国本土的小伙伴。为了丰富我们的生活,我们专门有一个员工娱乐的协调者Reachel!她真的超级棒!古灵精怪的她总是能为我们想出很多好玩的活动，每天我们都有不同的活动可以参加。只要和自己的工作时间不冲突，只要报名就可以参与进去。所以，休息日我们的日常就是徒步旅行、烧烤、乘坐橡皮艇，又或是各种有趣的比赛和才艺表演……因为有了这些多彩的活动，无论工作再怎么累总是能做到劳逸结合。当时过着无忧无虑的生活，快乐总是那么简单，估计这就是我为什么会长胖10公斤的原因之一吧！大家住在一个集体宿舍里面，楼下的交易厅是大家下班没事时常去的地方，朝夕相处让大家都成了很好的朋友，我们一起做大餐，一起看电影，一起开party，一起学习语言。不同文化的交流总是能碰撞出激烈的火花，宿舍里总是能传来大家开心的笑声与歌声。

由于我的英语不是很好，一开始来的时候与外国人交流总是会有很大的困难，总是会听不懂，自己由于自卑也总是不敢开口说英语。但是，大家总是会很热情地鼓励我。更加幸运的是，有一位退休的美国爷爷主动提出来要当我的英语老师，每天晚上都会很耐心地教我英语。在大家的鼓励下，我从才到美国时的不敢说英语，到最后能与大家进行基本的交流，真的是收获满满！

工作 磨砺 成长

赴美带薪实习顾名思义是要去到美国工作的。既然工作，那一定就会很累。我是在后厨工作，我的第一份工作是洗碗工，一开始去的时候每天都在抱怨为什么大家都可以分到又轻松又干净的工作而自己就要做这么脏、累、差的工作。工作第一天我就开始后悔来这里了。说实话，在家里的时候我从来没有打过工，也很少洗碗。经历了第一天高强度的工作后整个人是接近崩溃的。我的经理注意到我的不开心，把我叫到了她的办公室，耐心地问我工作的问题。我和她实话说了一下自己觉得洗碗工这个工作对于我来说太累的问题，接着她给了我一个大大的拥抱。她说让我坚持下去，她会在这三个月以内教会我所有和厨房有关的东西，这样我回中国的时候就可以骄傲地说我可以做美国食物给我的朋友和家人们吃！之后的每天她都会不断地给我拥抱，不断地鼓励我。就这样我慢慢地适应了后厨这个工作，厨房的其他同事也对我超级好！厨房就像一个团队，我们彼此需要。大家都会在厨房放音乐，唱唱跳跳着工作，别提有多开心了！一个星期之后我也渐渐习惯了洗碗工的工作，真正工作之后我才发现做一名学生真的是最轻松的事情之一了，也同时知道了赚钱不容易,以后一定要养成节约的好习惯。

做了两个星期的洗碗工以后,我开始一个星期有两天的时间在员工餐厅工作。相比洗碗工,员工餐厅的工作要轻松很多(给员工打饭、协助员工餐厅厨师和打扫员工餐厅的卫生)。一个月之后我的经理更是给了我机会做到了服务助理,每天都能拿到接近100美元的小费。服务助理就更加有趣了,每天可以接触到不同的客人。热情的客人总会拉着你和你聊个不停。和客人聊天对我英文的提高起到了很大的作用。就这样,第二个月的时候我的班表变成了两天洗碗工、两天员工餐厅厨师、一天服务助理。有时候休假两天,我还会去咖啡店做三明治或去酒店做客房管家。工作第三个月的时候我被安排到了后厨做沙拉和甜点的区域,我的厨师还给了我一天的时间去准备厨房学习了备菜和备厨。不过,第三个月最主要的工作还是在后厨做沙拉和甜点的区域。在后厨做沙拉和甜点是我最喜欢的工作,每天为顾客做沙拉和甜点时可以尽情发挥想象力,把摆盘弄得很漂亮,虽然有时候爆单我会手忙脚乱。整个火山口湖餐馆的沙拉都是我做的,每当想起这个我常常会很骄傲!

三个月内我在火山口湖做了洗碗工、备厨、客房管家、接待、员工餐厅厨师等好几份不同的工作。每一份工作都让我学到了不同的东西,同时也让我得到了很大的锻炼。现在的我可以骄傲地说遇到任何事情我都不会惧怕和逃避,我会和我工作的这三个月一样认真努力地对待每一件事情。我自然会获得属于我自己的"小小成功",因为就像我的经理和我说的:"Try your best, you are the best!"

离别 不舍 伤感

时光飞逝,在火山口湖三个月的时光很快就结束了。离别的那一天,我怎么都不敢相信这是真的,和我最好的朋友 Elicia 说"再见"的时候她对我说,如果可以她一定会把我偷走,然后让我留在那里可以一直陪着她。当她说出这些话的时候,我原本忍住的泪水怎么都忍不住了。离别是每个人人生当中最难过的,却也是一定要经历的。和大家告别之后,我坐上公交车就这样离开了火山口湖。看着一路上美丽又熟悉的风景,真的是一万个不想离开这里。

旅行 冒险 感悟

工作结束以后就开始最激动人心的时刻了,期待三个月的旅行开始啦！我先去的是两个美丽的小镇 Eugene 和 Bend。美国西部的人们总是缓慢和休闲的，然而这两个小镇也的确把缓慢和休闲体现到了极致。大家追求的是浪漫与享受。美丽的绿化带，绚丽多彩的房屋建筑，买一杯咖啡或者是一个冰激凌悠闲地走在路上，欣赏着美景，看到文艺复古的小店就走进去逛一逛，在慢节奏的小镇上就以慢节奏来享受我的旅行，在 Eugene 和 Bend 那几天别提有多悠闲了！

旅行的第二站是波特兰，波特兰是俄勒冈的首府。由于俄勒冈是免税州，去波特兰唯一的印象就是奥特莱斯和梅西了。

旅行的第三站是西雅图，西雅图也是美国最烂漫和最艺术的城市之一。在西雅图待了五天，也算是一个深度小游。我提前在网站上面买好了城市通票，打卡了西雅图的必游景点：西雅图流行艺术博物馆、奇胡利艺术博物馆、太空针塔、阿戈西游轮海港、西雅图水族馆。结束了城市通票的游玩之后我又按照之前的攻略去了西雅图的派克市场、西雅图艺术博物馆、口香糖墙和华盛顿大学。西雅图也是有名的咖啡大城和海鲜之都，世界上第一家星巴克店和星巴克的烘焙工厂都在西雅图。由于位于太平洋沿岸，西雅图盛产海鲜。所以那几天在西雅图就一直都离不开海鲜和咖啡。

结束了西雅图的旅行之后我开始了旅行的最后一站——纽约。由于我有朋友在纽约，纽约之行有向导带我游玩。果然有向导就是不一样。我去了莫娜博物馆看到了梵高的《星空》，去了中央车站看到了美剧《绯闻女孩》第一幕的拍摄现场，去了大都会博物馆探索了不同国家的历史……通过亲身体验我慢慢地爱上了这个城市，也明白了为何纽约能成为一个国际化的大都市。我看到了纽约与西部慢节奏的生活不同，在纽约快速的节奏下大家拼命赚钱拼命花钱，过上了自己想要的生活。在美国最后一天的时候，我行走在曼哈顿的人群中，看到人们匆匆地从我的身边走过，抬头看着密集的高楼大厦，从美国西部悠闲的日子突然来到了这样一个车水马龙的世界。人们对生活总是有着不同的追求。通过这近四个月真实的美国生活，我接触了不同的文化，体验了不同的生活，也和不同文化水平的人打过交道，开阔了自己的眼界，也锻炼了自己的毅力。这样的学习的确实是课堂上学习的有益补充。收获满满的四个月，感谢我的父母和老师们的支持，感谢祖国成为我在异国他乡时的心理依靠。当然这次的美国之行仅仅是我生命当中的一小部分。世界那么大，我当然要多出去看看！

漂洋过海带薪实习

孔 洁（2014级，管理学院，财务管理专业）

实习地点：蒙大拿州

重要的是，他们积极向上的性格和乐观的精神对我产生很大的影响。

我的第一份工作是在蒙大拿州卡里斯贝尔市一家名为 Many Glacier 的餐厅做服务助理。服务助理做起来有点累、有点烦，但是过了一段时间，尤其是对一切都熟悉后，我就慢慢习惯了。服务助理其实是一份很简单的工作，但是工作的时候必须细心。一开始我连最简单的端盘子都不会，常常会摔碎杯子。记得有一次，我尝试着端大盘子，结果重心不稳，整个盘子里的杯子都被我摔碎了。虽然经理当时没有怪我，还帮忙一起收拾，但是我还是暗地里打自己嘴巴。我想，如果客人不满意过来大骂可怎么办，我得认认真真地工作，可不是每一次都会这么幸运的。后来我开始慢慢地熟练起来，早餐、中餐、晚餐的餐具摆放，餐巾纸的折叠，正确使用大盘子，所有的一切都在慢慢变好。

带薪实习期间，收入每天都不一样，每小时 8.5 美元，每两星期支付一次工资。每次发工资，我都能拿到 500 美元至 1 000 美元不等的工资。第一次拿到工资时，我的心情非常激动，因为这是我有生以来赚取的第一笔钱。我打开微信，毫不掩饰我的兴奋，告诉父母："爸妈！我发工资了！"但美国之行的开销也不小，主要有每周 70 美元的住宿费，这是一项不小的开销，还有吃饭的钱，两个周需要 300 美元左右，花销很大。还有结束工作以后我到纽约、西雅图旅游又是一笔很大的支出。不过，最后我还是把两年的学费给省下来了。

Chelsie 是个美国女孩。我们由同事发展为最好的朋友。她和我一样大，也是利用暑期打工赚钱。Chelsie 开朗、热情。在工作中，我们互相帮助，配合默契。Michael 也是我的同事，是个土生土长的美国男孩，骨子里透露着沉稳气质。虽然都是同龄人，但 Michael 很少跟我们一块闹腾。他给予朋友的是平淡的关怀。Michael 在厨房工作。我们有时忙到没时间吃饭，他

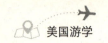

会在下班时把食物打包回来。虽然多数时候是一些简单的甜点，但让人感到很温暖。Ahmad 来自石油资源丰富的中东地区，他家在当地算是中产阶级。Ahmad 非常幽默，总能把周围人逗得哈哈大笑。一开始因为想家，我总是闷闷不乐。Ahmad 的风趣给我带来很多快乐。很可惜，后来他离开了度假村，去纽约找到了一份收入更高的餐厅后厨工作。Erica 是个漂亮时尚的中国香港女孩，是我的舍友，是餐厅服务员。

在美国实习，收获很多。比如说，学会了生存技巧，学会了与人沟通，英语听力也有很大提高。说起英语听力，还有个小故事。我跟一个朋友去纽约玩，看完帝国大厦之后，为了省时间我们决定坐人力车。当时听车夫说每人 5 美元，心想怎么这么便宜，结果我们到的时候却说需要 60 美元，没办法，只能乖乖付钱！这次经历提醒了我以后需更好地提高听力水平，更加努力地学习和工作。最开心的是，在实习期间，我结交了很多朋友。他们在工作和生活上给了我很多帮助，他们积极向上的性格和乐观的精神对我产生很大的影响。不出意外，下个暑假，我还会参加带薪实习。

工作结束之后，我就去了纽约曼哈顿的时代广场。那里是纽约市比较繁华的一个区，人流较多，高消费，快节奏。在那边游逛，容易让人感觉自己的目的不在于购物，而是在于感受时代的节奏感。在 Many Glacier 我去得最多的就是大码头。那里很宽阔，湖水很平静，尤其是在阳光灿烂的日子，水天一色，真的很美。我差不多每天都要到那里坐坐，平静的湖面让人心情也很平静，头脑清醒。这边湖很多，湖四面环山，在湖边散步或者在湖面上划艇都很享受。而我工作的 Many Glacier 也是一个名胜。它已经有一百多年的历史了，但是一点都不显得老旧。第一次到那里的时候，我就很喜欢，那时真希望自己能在那里工作。后来还真如愿以偿。

暑假带薪实习经历记

陈蕾桦（2015级，应用技术学院，老挝语专业）

实习地点：南达科他州

我坐在公寓旁边小公园的长凳上，吹着山风，看着夕阳西下的人来人往，想，还是应该去体验和思考不一样的青春，可能真的只有在经历了足够多的不一样后，才能体味生活的意义，明白自己真正想要的，才会更有追求，也更加快乐！

第一次到美国。凌晨两点，我刚下飞机就和一起来的小伙伴分开了，坐上了只在国内视频里见过两分钟的雇主的车。可能因为时间太晚加天气太冷，她一路飙，语速也跟车速一样让人不知所措。将近一小时后到了住处，她摸黑给我在客厅打了个地铺，丢了床毛毯给我，就急匆匆地走了。我因为长时间转机没休息好，也就将就着睡下了。早上六点多醒来，终于见到了住在一起的舍友——五个来自中国不同省份的女生和一个土耳其小姐姐。当我整个人还处于懵的状态中，不知道说什么时，她们就已经吃完了早饭，一起出去了。我慢悠悠地洗了个澡，才终于清醒过来，意识到一个不一样的夏天要开始了。

我们几个女生拿到的 offer 都是在同一家纪念品店做收银员。顶着巨大压力去上班的我，并没有遇到她们说的那么严峻的形势。雇主虽然很严格，但也没什么特别不同。我还是正常在工作，心里的大石头也算落下了一点点。

然而，毕竟是小纪念品店，雇主给不了我更多的工作时间。每天很早下班以后看着舍友们都去做二工、三工，我也就加入了找工作大部队。终于在六月底，一家旅馆和一家餐厅向我抛出了橄榄枝。我最终选择了餐厅的洗碗工作为二工，开始起早贪黑。白天说销售词、理货、收银，晚上就像陀螺一样在厨房打转。说实话，高考都没这么拼过。但神奇的是，每天结束时，我一点都不觉得累，蹦蹦跳跳地回家，深夜躺到床上，回想着这一整天学到的新单词、了解到的新文化，感到充实又有趣。不到一个月，我就完全适应了这种

家——工作地——（偶尔）健身房三点一线的生活，也认识了很多新朋友，包括邻居家的猫猫狗狗。时间很快，就像独立日的烟花一样，最拼的一个月一下就过完了。

八月我想换一种生活方式。于是，我辞掉了洗碗工，到了舍友们一直夸的酒店做客房管家。因为前半个月都是斯特吉斯摩托车拉力赛，整个镇全是酷到飞起的哈雷，轰鸣声日夜不息。酒店的房间自然天天爆满，纪念品店也一样。不过不一样的是，没有深夜的工作了。早上早起去酒店，下午小跑着去纪念品店，晚上和舍友一起煮火锅，忙得不亦乐乎。终于，斯特吉斯摩托车拉力赛在月中接近尾声，工作量也慢慢减轻。我也算在各种忙碌中差不多摸清了这里各个店的运作。

后半个月，我有了一点点疲倦感，跟爸妈视频的次数也变多了，还好在月末又来了个活动，白天看车展，晚上听音乐会。因为下班早，我可以先回家换上最舒服的衣服，穿着拖鞋慢慢走到主街，穿梭在端着啤酒、跟着音乐摇摆的大叔、阿姨中间，偶尔跟大家一起合唱两句，摇摇头、摆摆手。虽然肤色、着装很不搭，但没有人排斥。大家都像朋友一样一起蹭老年迪，放声歌唱和大笑。终于在这种氛围内，我才不那么想家了。

八月底，当地的小伙伴开学，国内的朋友也陆陆续续开始了旅程，隔三岔五就送走一个。每每看着他们坐上车离开的背影，我的眼泪就止不住地挑战地心引力。大家一起"搬砖"、一起挨骂又互相安慰、一起逛街做饭、一起聊天到深夜的场景在我的脑袋里闪现，再想到没几天以后自己也要离开，真是……

九月每过一天，我都想在日记本上写"时间真的好快"。从一开始的畏畏缩缩，能说"Yes""No""OK"就不会多说一个词，到现在能比较流利地带着情绪叙述一件事；从一开始的狼人杀角色都分不清，到现在能用英语和土耳其语玩；从一开始就算全神贯注也只能懂一半猜一半的听力，到现在能完全理解日常对话；从一开始老没有自信，觉得出点什么问题都是自己的错，到现在能淡定地判断并维护自己的权益……在快要结束的时候回头，我才发现自己收获的远远不止薪水，和当地朋友交谈的快乐、掌握熟练工作技巧的骄傲、口语越来越流利的满足，还有发自心底的充实，都是很久没有过的了。前几天我和国内的朋友聊起这些，他们静静地听完后，对我说："你长大了。"

短短三个月，我经历了很多在国内一两年都不会遇到的事，幸运的是，一切带给我的,都是美好的成长。

　　我坐在公寓旁边小公园的长凳上,吹着山风,看着夕阳西下的人来人往,想,还是应该去体验和思考不一样的青春,可能真的只有在经历了足够多的不一样后,才能体味生活的意义,明白自己真正想要的,才会更有追求,也更加快乐!不过为了验证它,我会把这次经历当作一个开始,在以后的日子,去好好参透。最后,引用一句歌词:"岁月是一场有去无回的旅行,好的坏的都是风景。"我很感谢这一路的风景。

一段难忘的回忆

任禹静（2013级，外国语学院，英语专业）

实习地点：蒙大拿州

不过经过一段时间的挣扎，我挺住了，意识到这其实也是对我的一种锻炼和考验，是我人生中的一次宝贵经历。我既体会到了工作的艰辛，也体会到了劳动带来的快乐。

光阴似箭，日月如梭，不知不觉回国已经快一个月了。回忆起三个月的实习经历，实习体验中的点点滴滴仿佛都还历历在目。对我而言，这真是一段难忘的回忆。

首先，我要讲到的就是我的工作了。我这次实习是在美国北部蒙大拿州卡利斯佩尔市国家公园酒店里做客房管家。记得刚开始工作的时候，我特别茫然，各种不适应。一方面因为语言，在这里，同事都说着流利的英语。而我初来乍到，还不怎么习惯这里的口音，而且在酒店里面做客房管家需要知道一些涉及酒店的专门的词汇。另一方面，这次实习也是我的第一份工作，所以我感到很茫然，有点忐忑不安，也不知怎样才能把这项工作做好。

经过差不多一周的培训，我逐渐适应了这里的生活和工作环境，不得不提一下我们的经理 Nate。他年龄与我们相仿，人也非常棒。他每天耐心地给我们讲要做哪些工作，怎样做才符合要求。又经过一周的见习，我开始了独立工作。每天铺床、清理厨房和浴室，将新的毛巾、拖鞋等生活用品摆放整齐。日复一日的工作很累、很辛苦，我也有过退缩的念头。不过经过一段时间的挣扎，我挺住了，意识到这其实也是对我的一种锻炼和考验，是我人生中的一次宝贵经历。我既体会到了工作的艰辛，也体会到了劳动带来的快乐。

生活方面，我每天的作息都很规律。由于我们是在国家公园里面的酒店，离市区有四个多小时的车程，所以我们出行并不是那么方便。我们每两周可以乘坐员工专用的接驳车进城购置一些必备品或者趁机去吃个中餐自助。可是进城的时间和我的上班时间刚好重合，所以我没有去过几次。美国的本土食物热量都很高，他们爱吃汉堡、薯条、比萨、沙拉什么的，对我而言，一顿两顿没什么问题，可是经常这样也不太适应。总共有四个员工厨师，有时也会做几个亚洲菜，至于质量也就不敢恭维了。可能是我个人的原因吧，三个月的时间我竟然还瘦了。由于地段偏远，在大山里，我们的手机都处于一种无信号的状态，平时只能通过员工休息室的 WIFI 来联系他人。不过这样也好，可以让我们放下手机去看看国家冰川公园的美景。美国人喜欢 hiking，也就是徒步旅行。趁着休息日，我们也找了个步道开始徒步旅行。周围都是植物，空气非常新鲜，树林里最常见的就是小松鼠，吱吱呀呀的，很可爱。有很多来徒步旅行的人都是为了看熊，而我们也有幸在接驳车上看到了黑熊。我们一个地区的同事都很友善，在休息的时候也会互相聊聊各自国家的文化，也让我学到不少东西。生活虽然平淡，但也不乏乐趣。

　　总之，这次美国之行，我收获颇多。我很庆幸报名参加了这个项目，也感谢学校给我提供的这次机会。如果以后再有这样的机会，我还会参加这种有意义的活动。它不仅丰富了我的阅历，让我积累了工作经验，提高了英语口语和听力水平，而且还大大开阔了我的眼界。

难忘的美好时光

钟　雷（2013级，研究生院，无机化学专业）

实习地点：怀俄明州

在美国时没感觉自己英语有进步，只是慢慢能听懂一些。回来后做六级听力，短对话八个能做对六个，基本能听懂讲的意思，以前只能蒙对三四个。

当我登上从纽约回国的飞机时，心中感慨万千。这里留下了我太多的回忆：有欢乐，有泪水，还有汗水。

回想几个月前，我终于下定决心参加这个项目，心中充满了各种美好的想象，还约上好朋友罗杰和永丽。一路填写各种申请表，办护照，去上海面试，去成都签证，每次都告诉自己：一定要通过！终于等到可以买机票了，然后写毕业论文，答辩，收拾行李，准备出发！

其实，到美国的旅程并不顺利，先是由于天气原因航班延误两天，然后是带的方便面被海关没收，罗杰和永丽的行李超重被放在另一趟航班。为了等行李，三个人在芝加哥机场坐了一宿，所有的激情和期待就这样被慢慢地磨掉，只留下一身的疲倦。但是，当在火车上睡了三个多小时后，坐上了从小镇火车站开往工作地方的出租车，看到车窗外掠过的异国风景时，好心情又慢慢回升了。接着就是办理入职手续，我们的岗位是客房管家，培训5天后就可以上岗了。工作很辛苦，我们英语又不好，难免会遇到一些不开心的事，但是总的来说还行。第二天就有人帮我一起完成工作，就没那么累，也就没有那么烦了。为了尽快适应工作，我每天会装一个小本和笔在身上，遇到不会的单词就记下来，下班后查好音标，背下来，第二天上班就去和别人讲，收获不小。我们经常是四五个人跟一个指导老师，每个人都有规定好的任务，要在规定的时间内完成，同一个小组必须是所有人都做完工作才能休息。我们中国来的同学工作也很努力，但还是比不上黑人的体力，经常落后。大多数黑人同学都很友好，会帮我们一起完成工作，他们会教我们英语，我们也会教他们一些简单的中文，大家相处很愉快。一个月后，我在公司附近的寿司店找到了第二份工作。在这里工作强度不大，就是耗时间，当然工资也很低，不过我认识了好多比较好的朋友，到现在大家都还互相联系。

忙碌而快乐的时光总是过得很快。在第二个月，我接到通知，学校 8 月 19 日要开学了（我在 3 月份时考上了中山大学的博士），所以只能很遗憾地提前回来了。不过我还是与老师商量，争取了一周的旅游时间。我在波士顿认识了三个朋友，一个是做 IT 的，两个是做金融的。我们一起去麻省理工学院，一起逛波士顿的景点，然后到了纽约，也认识了三个朋友，一个清华数学系的高才生，一位电子通信行业的，还有一位资深的律师。我们一起参观了博物馆和纽约的著名景点。这一周在精神上的收获比前两个月都多，大有相见恨晚之感。在纽约机场，误机了！我另花 1 800 多元改签了第二天的机票。为了给自己一点小小的惩罚，我决定留宿机场一晚，却又遇到北京来的一位建筑师阿姨，她也是要在机场等一晚。我们就刚好做伴、聊天，她的好多见解让我深感我误机就是为了要遇见她。回到国内，我还有点不习惯，一张口就是英语，好多人奇怪地看着我，我才发现自己讲的是英语，I'm sorry!

在美国时没感觉自己英语有进步，只是慢慢能听懂一些。回来后做六级听力，短对话八个能做对六个，基本能听懂讲的意思，以前只能蒙对三四个。所以语言的学习，环境很重要，这是我最大的收获。很感谢有这样的机会提升了我的英语，很感谢所有老师，也要感谢罗杰和永丽陪我一起去美国，感谢所有给我帮助和支持的小伙伴们！感谢这段难忘的美好时光！

最忘不了的一个暑假

熊　烨（2013 级，外国语学院，英语专业）

实习地点：蒙大拿州

我变得更加独立、勇敢，变得更加成熟。我懂得了珍惜，懂得了要珍惜身边的一切，一切都是缘分。我爱这个暑假，它是我人生丰富有力的一笔。

今年暑假是我最忘不了的一个暑假。我在美国的主要工作是客房管家，地点在蒙大拿卡里斯佩尔附近的 Nanterre 冰川国家公园。我一开始并不喜欢这个工作，因为我不喜欢打扫卫生。但我还是很期待，怀着激动的心情踏上了前往美国的旅程。我是跟同学院同年级的两个小伙伴一起报名去的，但到了那里以后我和她们两个分开了，被分到了不同的酒店工作。我独自一个人到了我住的地方——Many Glacier 酒店。刚进宿舍我就哭了，因为我眼前所看到的跟我所想象的完全不一样。宿舍条件不好，也没有独立浴室，自己一个人，无依无靠，特别难过。对了，我刚去的时候，我只有一个舍友，是一个保加利亚的姑娘，她在餐厅工作。到 6 月下旬左右，我有了两个新舍友，是两个台湾省的姑娘，人都很好。我们相处得很愉快，她们也是我生活中的伴侣，她们会陪我一起吃饭。到最后我们变成了朋友，我们还约好等回家后互相寄家乡食品。刚开始，当我到员工餐厅吃饭的时候，大家都是有小伙伴聊天，说说笑笑。我一个人坐在角落里，那个时候真的是明白了什么叫热闹里的寂寞，无法形容！我才去的那个月一直闹着要回家，但是爸妈和朋友都劝我，既然来了，就坚持下去，毕竟是我自己选择的要去美国。

我的部门经理是一个美国男生，高高的，我一直以为他二十六七岁，直到后来我才知道他比我小一岁。副经理是一个斯洛伐克的美女，她和我一样也是大三。她人很好，很温和，对待工作也很认真负责。当时的同事大部分是泰国人，有两个斯洛伐克的姑娘，还有一个台湾省的姑娘。我刚开始工作的第一天因为酒店还没开始营业，就做一些基础的打扫工作，擦墙壁什么的。第一天工作我就认识了我的第一个朋友，一个胖胖的但很可爱的台湾省的姑娘。她人很好，去得比我早。我那时候什么都不懂，是她带的我，我很感激她。因为她工作能力特别强，我经常被安排跟她一起工作，到后期我也变得很厉害，一上午能打扫完一区的房子。我们两个也很聊得来，一样的星座，后来成了好朋友。现在我们也保持联系。泰国朋友也很好相处，她们会教我们泰文，也会跟我们学习中文。后来泰国朋友结束项目回国了，来了几个新的日本朋友。再到后来，我们学校的一个学妹报名参加了这个项目，跟我在同一个地方。我当时就觉得我有了依靠，每天都有人可以聊天，互相说说心事，说说女生的小秘密。我慢慢地步入了生活的正轨，每天都这样，累却充实。每天跟小伙伴们说说笑笑，我忘记了刚来时的痛苦，慢慢地开始接受那里的生活，到最后离开时真的非常不舍。我坚持下来了，能坚持到最后，真的不容易。

我工作的那段时期，休假日我会跟学妹散散步，聊聊天，拍拍照，挺好的。我有时坐车一个小时去找跟我一起来的朋友，然后一起度过午后时光，去附近的餐厅吃比萨、鸡翅、冰激凌，那段时间我真的很开心。我也曾经和两个美国姑娘一起去爬山，走了三个多小时，十一公里的路程，风景很美，在途中还遇到了大棕熊。这三个月发生的事情太多太多，真的不是短短几行字所能表达的。

接下来就是结束工作的旅游时间，我们去了西雅图、洛杉矶和纽约。先说西雅图吧，我们去了太空针塔，俯瞰了西雅图的夜景，还去了派克市场，那里真的有好多东西，五花八门，形形色色。我们在西雅图待了三天，我对西雅图的印象就是安静、适合慢生活。接下来是洛杉矶，因为时间紧，我们就只去了洛杉矶安纳海姆的迪士尼乐园玩了两天。但是这两天很爽，我们体验了很多以前不敢玩的，比如过山车。我的印象中，安纳海姆真的很热。最后就是纽约了，我们上了帝国大厦的102层观看夜景，真的很美很美。我们也逛了奥特莱斯，那里有好多打折商品。我对纽约的印象是繁华，西装革履的人比较多。

现在回国了，在家了，但我会偶尔想起实习时的生活。这个暑假真的是我最充实、最有价值的一个暑假，我不后悔参加了这个项目。参加这个项目后，我变得更加独立、勇敢，变得更加成熟。我懂得了珍惜，懂得了要珍惜身边的一切，一切都是缘分。我爱这个暑假，它是我人生丰富有力的一笔。

抵达卡利斯佩尔

范晓凤（2013 级，外国语学院，英语专业）

实习地点：蒙大拿州

第一次尝试了国外的中国菜，不禁感慨我中华美食果然博大精深，只能在国内才能品尝到地道的美味。

6 月初抵达卡利斯佩尔时，长时间的高空气压带来了牙疼，导致下飞机完全无暇顾及周遭环境，毫无心思仔细观察我初到的这个国家。倒时差三天后，发现了这个小镇不一样的美和宁静。第一次尝试了国外的中国菜，不禁感慨我中华美食果然博大精深，只能在国内才能品尝到地道的美味。

正式走进工作环境的我很绝望，偌大的冰川国家公园没有基础设施，去市里无任何交通工具，手机无信号，无 WiFi，唯一一台电脑可以发邮件，但不识别中文，无法联系到任何人。经理是个温和可爱的大男生，女朋友来自我国台湾省，也是一个可爱的姑娘，更加增加好感度。印象最深的是她问我来自哪里，我说"China"，她回了一句"Taiwan is part of China"。

每天下班可以百无聊赖地在员工餐厅看电视，和美国黑人厨师 Kevin 聊车，和大家聊哪里又出现了几只熊，吓到了多少人，哪个客人给了多少小费。而这里最糟糕的事情，就是员工餐厅的餐食，原本期望着可以借用厨房一展才华宣传我国美食，没想到没食材不说，连厨房也不让进。

离开时是 9 月初，冰川国家公园已变凉，风很大，大家陆陆续续地走了。我开始了近半个月的旅行，第一站西雅图，上了太空针塔，去了派克市场，吃了中餐，走了夜路。洛杉矶游迪士尼晒黑了两层，少女心爆棚玩了大部分项目，希望下一次在人少的时候去。纽约城很震撼，不愧是世界中心的城市，时代广场热闹拥挤的人群，各自找着角度拍好这个富裕的城市。"911"纪念池很走心，望生者长寿，逝者安息。帝国大厦很豪华，从 102 层往外看，纽约的夜景很美。

近三个月的实习让我更加接近了真实的工作环境。6 月初的蒙大拿是炽热的，感谢里约奥运中国队出场时俄罗斯朋友们的欢呼，感谢工作中遇到的一切人和物。归国是 9 月中旬。实习的日子很短却真实,感谢此次实习机会,感谢一直发来问候的台湾省姑娘和俄罗斯姑娘。感恩,想念。

罗斯福国家公园旁的旅游小镇实习记

马　乐（2013级，职业技术学院，财务会计教育专业）

实习地点：北达科他州

　　我们在陌生的环境里独自面对着各种各样的突发事件，每天都在提高着自信心和独立自主能力。我很庆幸自己参加了这次项目。这次的实习经历给了我深深的回忆，也带给我很多快乐。

　　2015年6月18日，我怀着忐忑的心情从北京踏上了赴美带薪实习之旅。一个人在坐了12个小时的飞机后抵达了旧金山。刚下飞机的那一刻，一切对于我来说都是未知的，从进海关到拿行李转机都是在询问中度过。在美国转了三次机后，我来到了我将要实习的地点：美国北达科他州的小镇梅多拉。这是一个在罗斯福国家公园旁的旅游小镇，小镇人口不多，大部分都是外来的游客。他们经常开着房车到这里住上几天，这里有骑马、露营、热气球等旅游项目。我刚到这里就感受到了传统的小镇文化，每天出门见到的每个人几乎都会微笑着和你打招呼。到达后第二天我就开始了自己正式的实习工作。和我一起工作的还有另外两个中国小伙伴，我们在一个美式烧烤吧里做厨师。我们才到的第一个星期和来自世界各地的实习生们一起工作，他们很耐心地教会了我很多东西。还记得第一项工作是很简单的摆汉堡盘。当看到持续不断地递来的工作单时，我内心很紧张，制作时总会少加番茄或洋葱。经过一个多星期的锻炼，我已经基本学会了制作比萨、汉堡及最爱的炸烤。这是我的第一次工作，感觉非常辛苦，每天6～8小时，让我体会到了挣钱的不容易。语言障碍也是最大的困难。不过随着时间的推移，我渐渐开始大胆地和工作伙伴们交流，也找到了更多的工作乐趣。

　　一个月后，我们已经成为主力厨师，开始熟练地制作各种美式食物。工作之余我们经常到小镇附近的公园玩耍。这里的环境很棒，随时可以在马路上遇到鹿或牦牛，感觉它们和这里的人相处得很融洽。和来自不同国家的伙伴们一起生活、工作，只要遇到了困难，有什么不懂，同事都会很热心地帮我们解决，英语水平也比以前有了很大的进步，与人交流也不是难事了，我们还交到了很多外国朋友。三个多月的工作结束，我们开始了为期十几天的旅游。我与一同赴美的另外两个同学进行了美西美东自驾游，走了一号路，看了大峡谷，最后带着满足的心情从纽约回到了中国，结束了此次赴美带薪实习。

这次的赴美带薪实习结束了，但是我们却收获了很多很多。我们在陌生的环境里独自面对着各种各样的突发事件，每天都在提高着自信心和独立自主能力。我很庆幸自己参加了这次项目。这次的赴美经历给了我深深的回忆，也带给我很多快乐。

带薪实习记

杨　澎（2015级，应用技术学院，英语专业）

实习地点：南达科他州

　　这次实习教会了我很多东西。我相信我在以后的人生道路上会看清很多事情，明白很多道理，而且更加知道了自己想要的是什么，真的很好。

　　起初看到 offer 的时候觉得自己去的地方很闭塞，而且我的同学也没有和我分到一块。我很紧张，但还是鼓起勇气给雇主打电话联系接机。这是我第一次给外国人电话，真的很紧张。赴美过程很顺利，我刚下飞机，雇主就派人来接我了。来人很友好地跟我聊天。我是在南达科他州基斯通的华美达白屋度假村工作，职位是客房管家。从拉皮德城机场到基斯通这条路上，没有高山。我是云南人，第一次看到这样平的土地挺兴奋，建筑很少，真是地广人稀。

　　我住的地方有三个泰国人、两个蒙古国女孩。我和蒙古国女孩住一个房间。给我印象最深的就是她们很友好。我才来的时候可以说是什么都不了解，什么都不懂，可是她们很热心，先问了我的情况，教我洗衣机怎么用，还告诉我浴室、厨房等的使用规则。我也逐渐融入了她们。刚到的前两天，我还没有工作，因为有时差的缘故，我每天很早就起床了，打算去附近逛逛，熟悉熟悉环境。

　　开始工作时，因为很多泰国人提前来了，所以我的主管就让一个泰国女孩来带我。渐渐地我也知道了客房打扫的程序了。因为人很多，每个人每天都平均分房，所以我感觉这份工作很容易，刚开始很喜欢这个工作，自己还在找二工。可是后面我们的人一下少了好多，再加上泰国人全部在 8 月中旬离开了，后面的工作量压得我们喘不过气。打扫的房间数量是原来的三倍，每天早上八点半上班，下午五点回家。

　　可是，总的来说，我很珍惜这次实习。虽然工作真的很差，可是我交了很多朋友，体验了在学校体会不到的某些东西，非常值得。我平时去参加了很多 party，去了很多风景区，都很值得留恋和回忆。我想有的人就是见一面之后也许就真的不会再见了。

　　这次实习教会了我很多东西。我相信我在以后的人生道路上会看清很多事情，明白很多道理，而且更加知道了自己想要的是什么，真的很好。感谢这次机会。如果还有下次，我还想再来。

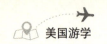

我在北达科他州梅多拉小镇

马文野（2012级，经济学院，国际贸易专业）

实习地点：北达科他州

> 这次实习最大的收获就是在不同的文化和陌生的环境里面完成了工作，自己的能力得到了提高。

经过三个月的劳动，我完成了实习，现在已经结束旅游回到了国内。我是在北达科他州的梅多拉小镇实习，工作是在厨房里面当厨师。这是一个具有浓厚美国西部风情的小镇，虽然人口不多，但是每年夏天都会有很多游客去观光旅游。这里有世界著名的罗斯福国家公园，我们住的地方就在公园的边上。那里有很多野生动物，都是在野外自由奔跑，每天都可以看见野鹿、野牛、野马出没，当然也有一些蛇类和食肉动物，不过一般是不会被袭击的。小镇位于在大草原的尽头，人烟稀少，但是自然风光不错。出门的交通方式是自驾或者步行，骑自行车也是可以的，但是因为路况复杂很多时候要推车，晚上在没有照明的野外山路上注意一点的话一般不会发生交通事故。我们的工作一般是分为早晚班，早班是从早上十点上到下午六七点的样子，晚班一般是从下午四点上到晚上一点左右，有时候也会加班到两三点。工作内容其实蛮简单，就是做一些汉堡、牛排、比萨之类的，然后准备一些食材。我们住在老板的家里，可以做饭、看电视，还是挺方便的。一起工作生活的都是来自全世界不同地方的小伙伴，我们有20多个小伙伴是住在一起的。

这次实习最大的收获就是在不同的文化和陌生的环境里面完成了工作，自己的能力得到了提高。每天和很多来自不同文化、不同国家的人交流，每次都有不同的感受。交流全部是用英语，自己的口语也得到了很大的提高，因为环境真的很重要。虽然工作是最底层最辛苦的，工资也不高，但是感觉自己收获蛮大的，锻炼了在艰苦的条件下靠自己生存的能力和与其他人交流的能力。最重要的还是学习到了小伙伴们对于工作和生活的态度，即永远充满活力，永远积极向上。我还提高了自己的英语能力，不再把英语当作一门学科，而是看成一个工具。

实习结束以后，愉快的旅游也开始了。我们在西部自驾了一号公路，也圆了加州梦。在东部我们看了繁华的纽约，古老的费城、华盛顿，文化气息浓重的波士顿，壮观的大瀑布，感受了世界最高学府哈佛和麻省理工，最后在奥特莱斯买到了自己想要又便宜的商品，圆满地结束了这次充实的暑期赴美带薪实习项目。

美国南部

编者按

读万卷书，行万里路

读万卷书，行万里路，读书让人增长智慧，放大格局，养足才气；行路让人增加阅历，扩大眼界，历练品格。

2014年至2018年，24名民大学子分别赴美国南部的佛罗里达州、南卡罗来纳州、田纳西州、密西西比州等地开展实习交流、文化体验活动。同学们不畏地域、文化之差异，不辞实习实践之辛苦，将书本上的知识一点一滴付诸实践。他们不仅真实地感受到了美国的风土人情、文化风貌，还认识了来自世界各地的朋友，留下了美好难忘的回忆。

"九层之台，起于垒土；千里之行，始于足下。"同学们在美国南部有的做销售，有的从事快餐行业，有的做保洁员，有的做安全员。他们作为中美文化交流的参与者、实践者和经历者，不仅积极展现出了民大学子的风采，还为中美文化交流、两国青年增进了解、中西文化互动学习等提供了鲜活的实践素材。

本篇章聚焦美国南部。美国南部带有相当特殊的文化和历史背景，拥有独特的传统、文学、音乐形式以及各类烹饪食物。同学们的文字有的天马行空，有的是难忘回忆，有的则为成长经历……他们的体会虽然篇幅短小，却是真实体验、真情流露，在文字中流淌着的是真切的感悟、真实的收获。有的真切地感悟出了读书与行路的道理，有的真实收获了跨国友谊和快乐，描述了一个不一样的暑假。

我一直向往的工作

罗婷耀（2011级，外国语学院，英语专业）

实习地点：佛罗里达州

只要你愿意说，听力和口语会提高得很快。一个人在异国，什么事都得靠自己。经过这三个月的磨砺，现在就算把我一个人丢到火星，我想我也能够想办法活下去。

实习了三个月，虽然时间不算很长，可在这期间我的收获与感悟是之前任何一个时段都无法比拟的。

选择没有正确与错误之分。我们所要做的，就是让之前的选择变得正确。

从知道有这个项目的那天起，我内心就充满了焦虑和惆怅。因为选择参加这次项目，不仅要获得父母的支持，更需要自己对自己的肯定。这期间我有很多次都怀疑自己是不是选择了一条错误的路，很多次因为怕在美国无法独立生活想放弃，可是我想既然选择了，就要坚定地走下去。现在实习回来了，收获颇多，感谢自己的坚持与勇敢使这个选择变得如此正确。

我的第一份工作是在一家卖纪念品的商店当销售助理，刚开始对全英文的环境很不适应，有些时候客人或者同事和我讲话都不能做到全部听懂。可是，每次我问他们："Can you say it again? I did not quite get that."他们不会表现出任何一点不耐烦，而是说："Oh, I am sorry, you should have told me earlier."这让我在异国他乡感到温暖。

我的主要工作就是帮助客人顺利进行购物、叠衣服、整理货物。因为经理的要求非常高，要把所有东西都摆放成一条直线，再加上自己平常也很不爱收拾东西，所以这份工作一开始对我来说真的是个挑战。不过，幸亏自己还是坚持了下来，因为至少现在做事比以前有条理了。感谢这份工作对我的改变。

有几次工作做错了事，我都以为经理会把我臭骂一顿，但是相反，他会鼓励我不要泄气，相信我总会做好的。工作时，经理还会时不时和我讲讲生

活中发生的趣事，或者哼点小曲，这一切都让我能从无聊的工作当中感受到精神上的快乐。

我工作的地方华人很少，而且我的室友也是美国人和俄罗斯人，唯一能让我们了解彼此的语言就只有英语。只要你愿意说，听力和口语会提高得很快。一个人在异国，什么事都得靠自己。经过这三个月的磨砺，现在就算把我一个人丢到火星，我想我也能够想办法活下去。

感谢学校提供这个项目让我有此次非凡的经历。这不仅让我对美国社会与文化有了更深入、更直观的体会，也让我更加了解自己，知道什么样的工作更适合自己。我想，这将使我毕业后对工作的选择有更好的定位。

走出去，眼界更开阔

张　玲（2013级，经济学院，经济学专业）

实习地点：佛罗里达州

但我知道，无论那条路有多艰辛或是多枯燥，这就是生活，由不得你去选择你所有想要的或喜欢的，我们总要学着、逼着自己成长。没有任何的人或物会一直为你停留在原地，你想要就去追寻。

"读万卷书，不如行万里路。"我想这应该是赴美带薪实习的最大意义吧。

刚回国的时候，很多同学会问我："你不是去美国带薪实习了吗？你赚了多少钱啊？"每每听到这句话我只会一笑而过。有些东西，是不能只用钱来衡量的，我想告诉他们我所经历的，是花多少钱也无法理解、无法体会的美妙……

我所分配到的实习单位 Fun Spot 是佛罗里达州奥兰多的一个主题公园，一个承载了我整个夏天的欢乐的乐园。尽管工作很艰辛，高温酷暑之下还要坚持工作，即使是暴风雨还是得坚守，但有孩子的地方总是有着无穷无尽的乐趣。刚开始工作的时候我觉得一切都好艰难，从未有过的高温，不是很流利的英语，一切都陌生的环境，还得时时担忧着自己的工资是不是足够支付房租，加上因为没有车，去上班变成一件很艰难的事。但是，这也正验证了"万事开头难"。两个星期之后，经过自己的调整和雇主的照顾，一切都开始走向了正轨……

我所庆幸的是我并非只是去实习，两个星期之后，我结识了一群好朋友。每个星期他们都会带着我一起出去玩，一起聚餐。在跟他们相处的过程中，我更加深入地了解了美国文化。让我很感动的是，每一次我们一起出去玩，无论多晚，无论多累，无论第二天是不是还要上早班，他们都会把我们送到住的地方，然后开车开好远的路程再回家。烧烤，聚餐，多少个瞬间，我感动于他们关心我的每个细节，那些瞬间我恨不得我的英语能再流利些，流利到可以完全表达我的感激、我的谢意……

　　仍然记得那个晚上，他们带着我一起出去玩，因为顾虑到他们第二天还要工作、还要上课，我不太好意思麻烦他们送我回去，于是就偷偷用了打车软件 Lyft 自己打车回家，并告诉他们说我另外的朋友去接我。当他们看到接我的是一个满脸白胡子的大叔的时候他们慌了，但我还是回到了住的地方，我以为也没什么了。过了半个小时，有人敲门，打开门，看到是他们的时候我感动得哭了，他们说他们只是想确定我安全地到达了……那一秒钟所有的愧疚、所有的感动都被眼泪冲了出来。

　　最珍贵的友谊不就是这样吗？也许有些情感并不需要太多的时间去沉淀，就在你打开心扉的那一瞬间，彼此的心就在融化。

　　在这次赴美实习过程中，作为一个即将步入社会的大四学生，我觉得我预见了我工作时的样子，无论是对工作还是对生活，大概就是这样子吧。但我知道，无论那条路有多艰辛或是多枯燥，这就是生活，由不得你去选择你所有想要的或喜欢的，我们总要学着、逼着自己成长。没有任何的人或物会一直为你停留在原地，你想要就去追寻。

　　在结束实习工作的时候我的眼泪差点夺眶而出，在离开的时候我不断地回头看陪伴我走了一个夏天的 Fun Spot，虽然过程有苦有甜，但是毕生难忘。虽然也许我和那些小伙伴在地球的两边，可能再也没有机会相见，但我相信那份情谊却可以一直存在于那个时间、那个空间里。

　　在之后的半个月的旅行中，我还是庆幸可以有小伙伴们的相伴，游历了将近整个东海岸，一路的美景目不暇接，却也有离别的苦楚。我还是逼着自己去承受，去成长了……

逆风翻盘,向阳而生

段桂美(2015级,应用技术学院,旅游管理专业)

实习地点:南卡罗来纳州

感谢祖国,感谢大学的这份大礼,感谢我没有虚度的青春,感谢拼搏与奋斗,青春无悔,逆风翻盘,向阳而生!

即将踏入大四生涯的我,回想大学三年的忙碌与奔波,时光无情,脑海中除了匆忙还是匆忙,匆忙得都快忘记自己都做了些什么,学到了些什么,又留下了些什么。只记得当初自己满腔热血报名参加了这个赴美带薪实习项目,仔细斟酌,只是为了借这个项目到一个纯英文的环境提高自己的英语口语能力。工作申请包括简历等等,也只清楚地记得那行字——"I want to make more friends and improve my spoken English!"然而我想也没想过,这短短三个月的经历注定将成为我大学四年甚至我这一生最深刻和最有意义的一段经历。因为我收获的不仅仅是英语口语的提高和多交了几个朋友,而是让我在忙碌而又毫无头绪的迷茫中突然有了清晰的方向和目标。

仔细想想,我依旧还记得到达美国下飞机的第一站,我在达拉斯机场一个人拖着重重的行李箱还被美国入境海关拦住,只因为带了中国的面条,我被吓到面色苍白,只记得完全听不懂海关面试官所讲的内容,可能是过度紧张导致自己完全看不懂身边所有的英文标志,极度不适应大写的标志。我一个人不敢乱跑,在机场椅子上躺了一晚上。后来到了美国的第二站诺福克机场,我从来没想象过一直以来孤芳自赏还带点骄傲的我,会在一个美国机场大厅门口用着手机APP翻译软件跟警察交流,只因为自己找不到路,找不到车。到公司第一个认识的,是和蔼善良的老爷爷Joe。在这个连空气都是陌生的地方,Joe的耐心和幽默让我终于放下了悬着的心,被舟车劳顿打碎了的憧憬又重新浮现在脑海中。三个月的泪水、喜悦、奇妙、充实就这样开始写进了我的人生简历。

在这里,你就会发现,第一,快节奏和便捷式生活并不是说说而已。令我印象最深刻的是他们的饮食习惯,一个超市几乎可以涵盖美国人的所有饮食，在东南部气候较热的州，有明显的季节饮食习惯。夏季较热，人们基本上早餐吃汉堡，中餐薯片加冰饮，晚餐相对丰盛，会有烤肉类食物。与有着悠久历史的文明古国相比较，这个年轻的国家的饮食就明显简单快捷，人们基本上不会在制作食物方面花费多少时间。简单、快捷、省时是我对美国夏季饮食的最深印象。美国人大多数使用烘干机来解决衣服的问题，一般情况下见不到室外有晾衣竿，洗衣机再配上烘干机基本上可以解决洗晾衣服等问题。西餐餐具一般会较为繁杂，但是正常经济水平的家庭基本上都会使用洗碗机。种种机器设备的使用使得美国人的生活变得方便快捷，节约出来的大部分时间人们可以用来工作、学习、锻炼。效率就这样明显地体现在他们的日常生活当中。基本每家都会有属于自己的汽车，美国地广人稀，交通便捷。不论是生活，还是学习，还是工作，快节奏和便捷充斥着美国人的生命。

第二，对待工作非常严肃认真。为期三天的工作培训，不管你是否完全理解或者你是否完全看得懂，都必须进行各项测试。如果测试不成功，则一直测试，直至测试通关，你才能正常上岗。每个人必须严格遵守自己的工作时间表，迟到是一个很严重的问题。需要缺席自己的岗位的话，任何时候你都必须请假。即使是基础岗位，在工作期间也不得擅离岗位，会有系统定时记录你的在岗时间。即便是想要加班或者换岗这样的问题，下层管理人员都会严格获取上级批准。

第三，美国人有很强的独立意识。从孩提时代起，美国家长和幼儿教育工作者就鼓励孩子们自主、自立。在家庭琐事上，在小朋友之间的交往中，大人们总是循循善诱地启发、开导孩子，决不越俎代庖，更不会把自己的意志强加于孩子身上。孩子们从小被教导要学着自我判断、自我决定、自我负责。这一切都是为了让孩子知道自我独立的重要性，以便他们日后在社会中寻找到自己的位置。父母与成年的孩子大部分不会同居，他们都有自己独立的房子，我的当地好朋友就是这样。就算只有一个人住，也绝不会和父母住在一起，而父母也会非常不乐意与自己的孩子住在一起。他们认为与孩子住在一起是不礼貌的，因为每个人都必须有自己的私人空间。

还有一点，美国人给我的印象是金钱至上。美国的私有制经济决定了雇主与雇员之间的金钱关系：雇主出钱，雇员出力；雇员的劳动时间一部分作为工资由本人领取，另一部分则转换成利润进入雇主的腰包。所以，我们的经理对我们的管理非常有秩序，严格认真计划安排我们的工时，不会浪费工时来消耗工资。令我印象最深的是,在旅游旺季,顾客较多的时候,他们会让我们这些员工工作加时,只要你愿意。但是,在游客较少的时候,他们会让我们提前结束工作,以节约工时工资。从这个意义上说,时间对雇主和雇员来说确实意味着金钱。美国人认为,时间是一个朝某一方向不停地流动的东西,人们可以追溯它的过去,但绝没有把流逝的时间追回来的本领。基于这一认识,美国人对时间很"吝啬",不肯轻易地浪费一分一秒。他们精于安排工作、学习、娱乐和社交的时间,力争在有限的时间内取得最理想的效果。与某人见面,必须事先打招呼;邀人做客,得在一两个周前发出请帖;去看医生,不可翩然而至;要与友人"侃大山",也不可突登"三宝殿"。

在这三个月中,最大的收获是在这里我认识了很多很多来自中国大陆的学生、来自中国台湾省的学生以及来自罗马尼亚等许多国家的学生。各种巨大的文化冲击,让我的文化观念、价值观念、审美能力、理解能力以及学习能力都有了非常大的变化。这些对于我以后的工作、学习和生活是有巨大的帮助的。

感谢祖国,感谢大学的这份大礼,感谢我没有虚度的青春,感谢拼搏与奋斗,青春无悔,逆风翻盘,向阳而生!

仿佛梦一场

刘　睿（2017级研，管理学院，旅游管理专业）

实习地点：南卡罗来纳州

有梦就去追，趁年轻不要怕闯，你经历的每一件事情都有它的意义。

简单地介绍一下我参加的这个项目。项目名称叫暑期赴美带薪实习项目，流程是申请、口测、雇主面试、办理签证、购买机票，然后飞往美国开始生活、工作。

迈出的第一步

当我在学校知道赴美带薪实习这个项目后，就特别激动。我的英语特别差，但是我就是想试试，想利用这个机会提高自己的英语水平，看看课本上学的和实际生活到底一不一样。随后就是申请报名、参加口测等一系列事情，经历了选岗，参加了雇主面试，拿到了KFC的offer，然后办理签证。我的心情紧张激动又不安，终于做好了一切行前工作。老师很负责任地在每个环节都给予我帮助，无论是校内的请假，还是赴美的选岗，让我顺利地参加这个项目。另外，在这里我想说的是，想做一件事，只要坚持下来什么问题都能解决。这期间当过程并不顺利，当遇到坎坷时，我也有过动摇，但现在回想起来都是小事。

顺利抵达美国

第一次坐长达十几小时的国际航班，我终于到达美国洛杉矶，接着入关、转机，最后到达了默特尔比奇。由于洛杉矶到夏洛特的航班延误，我的行程被打乱，经历了两次的换航班才得以到达目的地，但一切还算顺利。我工作的地方是默特尔比奇，在美国东南部，是一个海滨城市。我的住房离海边也就10分钟的路程。下了飞机我自己打的到了房东家，这里只有我和我的同事、房东三个人。房子的环境很好，我们都是自己一个人一间房，有公共厨房、卫生间，还有后院。房东给我提供了自行车。周边有商场和超市，基本生活还是很方便的。

工作中的点点滴滴

我做的是打包员工作，上岗前需要培训。刚开始虽然还是有点懵，但是在这里交流的机会多了，很多东西你就会明白。我的经理和同事人都特别好，我们就像朋友一样相处，工作闲了就会一起聊天。我还会经常与客人聊天，解答疑问，日子过得非常快乐。当然工作并不总是那么容易，每天都会遇到不一样的情况。美国人说话很快。开始的时候，我英语水平有限，跟不上他们，有时候看到陌生的单词或者不会说听不懂只好向经理求救。培训我的是一个黑人大妈，人很好，经常鼓励我多工作，多挣钱，可能是知道我是外国学生，生活很不容易，总是把知道的一些工作福利告诉我。由于是在炸鸡店工作，每天关门后我们都可以带食物回家，她总是提醒我们。这里的伙伴们都很热情，工作环境很轻松。

在美的生活

刚开始到美国我是害怕与人交流的，总是躲在中国小伙伴们的身边，但是热情的同事真的特别喜欢你和他们说英语。如果你没有听懂，他们会换一种方式再告诉你。他们很友好，见面就会笑，无论你们是否是第一次见面。在这边我的厨艺长进不少，因为我的中国胃吃不惯美国快餐，所以生活所迫，如果想吃些什么的话就要每天自己做饭了。我所在的地区每周一都会在教堂举办 party，免费提供吃的喝的，然后做一些小游戏，发一些奖品。我也曾收到过同事的邀请去家里参加 party，做好吃的给我们，在工作期间遇到特别好的美国志愿者，接送我们参加 party。他们也是有组织的，专门照顾我们这些 J-1 的学生们。你有什么问题，他们都会热心地帮助。他们也会组织其他的一些活动，来丰富我们的生活。

工作结束的告别

现在我已经结束工作。回想着这三个月的生活，时间过得太快了。虽然工作的时候就想着早点回家，但是真的到了该离开的那天还是真心不舍。

我的同事 Turdy 比我先走两周，在凌晨三点我与她拥抱告别。她帮助了我很多。她是一个牙买加的黑人女孩。我们谈论过很多的问题。她还告诉我她在中餐厅干过，希望有机会到中国看看。最让我感动的是，工作的最后一天，我的经理 Sony 拥抱了我，并且表扬了我，说理解文化的不同，但我做得很好。这些话是鼓励也是肯定，我很开心。她说会想念我们每一个人的，也

许我们不会再见面,但是曾经给予的帮助和鼓励我是永远不会忘的。

开启旅行模式

工作快要结束的时候我们J-1的学生已开始计划我们的旅行了,报团、自由行、自驾游我们都尝试了,也体验了各式各样的交通工具:公交车、大巴、地铁、飞机。我们先玩了美东,然后美西,最后从洛杉矶回国,行程匆匆。我们也没有时间购物,刚开始也不敢买,因为美国的行李额是要单独买的。玩是快乐的,我看到了纽约的繁华、华盛顿的庄严、费城的厚重、波士顿的学术气、旧金山生活的惬意、拉斯维加斯的奢靡,还有洛杉矶的梦幻。每一个地方我都留恋。如果有机会我真想在每一个地方都待一段时间,好好感受不一样的生活气息。我最喜欢旧金山,那里浪漫又不失朝气。我也喜欢洛杉矶,从这个地方结束,就好像我的梦结束了。好莱坞真的是一个神奇的地方。三个月里我们就像做梦一样,临近回国时,我们都十分不舍。听着《飘向北方》,我们更能理解其中的含义,我们都不约而同地喜欢这首歌。

我的成长与收获

工作对于我来说是一个全新的体验。一直都是在上学,这是我第一次工作。从生疏得什么都不会到几乎全能,我完成了蜕变。我理解了如何和同事们友好相处,懂得了不同的人的思维方式。我的第一份工作是在炸鸡店。那里不忙的时候,我们可以吃吃喝喝。老板并不是很严厉。晚上卖不完的炸鸡、米饭这些吃的我们都可以带回家。哈哈,几个月的炸鸡我是吃够了,胖了不少。这里的管理制度很松散,甚至我们几个学生干活比老板都认真。在我工作两周后我们就经常性地缺这少那,每天都是供应不足,最严重的时候我们除了鸡胸和鸡腿什么都没有,蘸料都不足。据这里的老员工说,这里经常这样。可就是这样,这家店依然没有什么整改政策,有时候我们都在商量如何能让它经营得更好。我的另一份工作是客房管家。这个工作很多人都不喜欢,开始我也是排斥的。但是,当我真正开始工作了解之后觉得还是很有意思的,锻炼了干家务的能力,偶尔也会收到小费。在热情的服务后,顾客从来不会吝啬表扬。最让我印象深刻的是,在我帮助完一位大叔后,大叔的妻子专门出来找到我给了我小费,还找到经理,当面表扬了我一番,把我怎么帮助她丈夫、我工作有多么认真详细地陈述了一遍。因此,我还得到了经理的表扬"做得不错!"成就感油然而生。

刚到美国时，生活比较悠闲，经常逛逛沃尔玛。同事会邀请我去参加party，吃他们当地的食物，还有围炉活动，尝试各种各样的活动，到处参观玩耍。我也去了有名的奥特莱斯，体验了不一样的购物文化。这里自然风光迷人，到处可见小松鼠、可爱的鸟儿。我也更好地了解了美国人的工作方式。我的房东是一位五十多岁的老太太，独自一个人生活。她在度假村工作，偶尔出差和度假去，生活得很悠闲，每天早上七点半上班，晚上参加完聚会九点回家。有时会在家里跑步机上跑两个小时，生活有滋有味。这种生活方式自由又自在。

经历和体验永远是最重要的。如果我没有度过这三个月，我也不会相信自己会这么厉害，竟然能独立地生活，努力地工作，结交新的朋友，可以独立地完成很多的事情，可以自己独立工作，也可以和团队默契配合，个人的性格也更加完善。原来工作也有很多的乐趣。以前我会觉得辛苦和劳累，真正做过之后才明白工作的开心和快乐。

现在想想，有些离别真的就没有了重逢。赴美带薪实习的这段时间，我不仅仅学会了独立生活，也锻炼了我为人处世的能力；不仅仅是工作挣钱，也增长了很多见识；不仅仅是旅游逛景，也完善了我的性格，使我变得开朗了。

在此，我衷心地感谢一路上遇见的好人——老师、房东、同事、志愿者等等。在我身在美国需要帮助的时候，你们总是在我身边帮助我。因为有你们我才能有这么大的进步，才能这么好地体验实习生活。我知道了我当初的坚持没有错，当初的选择没有错。有梦就去追，趁年轻不要怕闯，你经历的每一件事情都有它的意义。

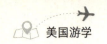
在异国他乡的实习生活

龚亚玲(2013 级, 艺术学院, 舞蹈专业)

实习地点: 南卡罗来纳州

我更加知道现在幸福生活的来之不易, 因为我们这一代都没怎么吃过苦。出门在外一切得靠自己, 感谢困难让我成长。

在异国他乡三个月的实习生活, 很充实, 很有意义。从最初的不适应, 到后来的得心应手, 其实是一个漫长的过程。我的英语比较差, 因为在沃尔玛工作要接触很多顾客, 所以最初还是比较困难的。随着日积月累, 英语也有一定的提高, 我便慢慢开始享受工作的氛围。顾客大都很热情, 当然也有一部分是不那么友善的。毕竟两国文化有很大差异, 所以沟通起来还是会有一些困难。

在美国工作和生活都必须靠自己, 没有父母跟朋友的帮助, 虽然过程有一些受挫, 但是最后觉得自己还是成长了。我不害怕与人交流沟通, 哪怕有语言障碍。我更加知道现在幸福生活的来之不易, 因为我们这一代都没怎么吃过苦。出门在外一切得靠自己, 感谢困难让我成长。最初我觉得工作很辛苦, 不能再坚持下去了, 妈妈也说如果觉得累那就回来吧。可是, 想到妈妈以前也说过, 自己选择的路跪着也得走完, 于是咬咬牙就坚持下来了。

当三个月工作结束的时候, 回想那三个月剩下的也只有快乐和美好的回忆。每天大家一块骑自行车上班, 下班的路上一起分享当天都发生些什么事情。我也认识了一帮很纯粹的朋友。其实, 工作那三个月的生活还是挺枯燥的, 日复一日地重复, 每天站九小时, 回到住所的时候真的特别累。最开始, 工作 offer 上面说一天只工作五小时或者更少, 所以当得知真实的工作时间后是挺不能接受的。因为参加这个项目的初衷是想开阔眼界, 并不是只想工作, 如果一天工作九小时那就没有时间再做别的事情了。与雇主和经理商量后并没有更改工作时间, 也就只有选择接受并认真地去完成工作了。不过, 总的来说, 工作还是挺愉快的。工作对口语提升有一定帮助, 我的听力也有很大提升。相较于前三个月的工作, 最后一个月的旅行更加愉快充实。我去了很多地方，看了不同的人文景观，对美国的认识也更深了一些。但是，我认为因为文化的差异和自身语言的欠缺，我并没有和外国人有太多特别深的接触与交流，所以对于美国文化的了解还是不够。不过，外面再好也不如自己的家，回到家才感觉心有了停靠的港湾。中介的工作还是挺到位的，从到美国下飞机的那一刻开始都有人接我，带我去面试、去住的地方，让我在一个陌生的环境里省心了许多。

　　总之，挺开心地过了四个月，我更加懂得感恩，更加爱自己的父母，更加为祖国自豪了。最后，感谢云南民族大学给我提供这样一个平台，能够让我去外面的世界锻炼自己。

不虚此行

刘江宁（2014级，经济学院，国际贸易专业）

实习地点：南卡罗来纳州

最想说的其实是——不虚此行。我学到了在大学里面学不到的东西，提前学习到了工作的时候所需要的东西，懂得怎样才能让自己变得沉稳。

时间飞逝，为期三个月的赴美实习已经悄然结束了，与同伴、同事们的相识仍然历历在目，仿佛昨天发生的事情一样。现在我的内心充满了不舍、怀念、开心，各种因离别所带来的情绪萦绕于心，也有因朋友们的成长、自己的成长而感到的慰藉。实习过程中，酸甜苦辣充斥着平常看似平淡而单调的生活，内心因此成长不少。接下来说说自己三个月来的收获吧。

最初自己抱着学习的目的开始与周围的朋友相处，以为自己可以和不同国籍、不同种族的人相处得融洽，只要大胆地尝试，大胆地接触，应该没有什么太大的障碍。但是，后来我发现，结果不尽如人意。不同国籍的人，生活习惯，处世方式，判断对错的着重点，自身的底线，各方面都不同。刚开始我觉得相当惊讶，但是后来慢慢地习惯，逐渐知道人与人之间需要的是尊重。简而言之，就是包容。

中国学生与外国学生的生活交往模式有很大差别。人与人之间相处，只要肯交流，只要肯说出来，没有解决不了的，交流是解决问题的前提。

刚开始工作的时候，即使心里面已经做好了准备，调整好了心态，但困难还是超出了自己的想象，开始的时候很艰苦。对于我个人来讲，我尊重和我做同样工作的人，因为虽然工作属于最底层的工作，但是没有我们，就没有干净的消费场所。在实习的地方，上级和下级的界限分得很清楚，为了表示对上级的尊重，不能随便打断他说话，即使他说得不对。我后来慢慢地意识到，我年轻，规矩懂得不是很多，多学学，以免以后工作的时候碰壁。工作了4～5周之后，我意识到，自己的工作心态很重要，自己开开心心地工作比什么都重要，心情不美丽，倒霉的事情就来了，影响别人，也影响自己。做到中期，我找到了自己的第二份工作，做一个侍者。作为年轻人，良好的学习能力是具备的。在快餐企业，"迅速"是首要要求。对于一个在中国没吃过麦当劳，来美国也对快餐不感兴趣的人来说，是需要花一点时间去适应的，何况我慢热。但我后来渐渐喜欢上了这种快节奏。节奏快，杂乱的心思没了，也就能做成很多事情。其实我挺喜欢纽约的生活，我虽然慢热，但是我喜欢快节奏，不啰唆，不拖拖拉拉。

　　我到后来还认识到很重要的一点，即工作中，经理认识到你做得到，你就能得到更多工作时长。我做侍者做了 4 周，得到了顾客的夸奖。我的经理让我待到最后一刻，不让我提前走。这就是对我工作的认可，我心里很开心，即使后来有点劳累，不想工作那么久了。

　　最想说的其实是——不虚此行。我学到了在大学里面学不到的东西，提前学习到了工作的时候所需要的东西，懂得怎样才能让自己变得沉稳。很开心，感谢一起陪伴的朋友，感谢教会我道理的人，感谢学校给我提供了这么好的机会。

特别的夏季

乔枫戈（2013级，应用技术学院，汉语国际教育专业）

实习地点：南卡罗来纳州

不奢求谁还记得谁，但当我回味起这个暑期所发生的一切时，你定会出现在我的记忆中。

2014年6月，一个特别的夏季开始了。

当很多人都幻想着自己应该在美国享受生活时，我却开始尝试上学以来最"底层"的打工生活。我的内心一直在告诉自己，"我是来这里工作、生活的"。生活当真不易，每个人都不例外。三个月以来最大的收获就是学会了"独立"。在这里，每个人都只是孤立的个体，任何时候都先做自己的事情，"照顾"二字成了奢侈品。虽然现实很残酷，但这样的现实却不曾将我变为一个冷酷的人，反倒让我在这样的环境中磨炼出了忍耐、宽恕、恩慈、无私这些有爱的品质。人际环境不会摧毁善良人的善良，只会让这些人更加执着地坚持这份宝贵的品质。

我的工作是在沃尔玛服装部的童装区折衣服、收拾物品，刚开始或多或少会有不适应，毕竟这也是我第一次打工。每到想要抱怨的时候我总会去问一同工作的本地员工"你们觉得这份工作怎么样"，本想他们一定会有同样的感受并一起抱怨，没料到他们竟会说："我很爱这份工作，因为我的生活很需要它。"话音刚落他们就更加卖力地工作去了，而自己也因此暗生出了愧疚之感，唯有更加努力工作才能弥补。工作不分贵贱，只要是认真、努力、勤奋地工作，人们都会认可你，尊重你。在这样的环境下，我也能很自豪地向大家宣布："我的工作就是在沃尔玛的服装区整理衣物！"

有人在这里邂逅友情，有人在这里邂逅爱情，但终究这些情感都熔铸成了这三个月来同甘共苦的亲情。这期间我们共同享受过工作之余自制美食的乐趣，承受过意见矛盾时的无助寂寞，收获到病痛及麻烦中的殷切相助，送出了最具真情实意的对他人的赞美言语。工作结束之后，我还进行了为期半个月的美西加纽约之旅。无论是站在最繁华的比弗利山庄上，还是穿行在

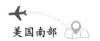
最古老的洛杉矶嶙峋房屋间,我心依旧将南卡的默特尔比奇认定为难忘的地方。在那里,常有人会很主动地和你打招呼并问候你,让人有种身在自己家的感觉,让人有身处十月只能带着厚重的回忆离去的感伤。不奢求谁还记得谁,但当我回味起这个暑期所发生的一切时,你定会出现在我的记忆中。

一段难忘的经历

李 路（2014级，外国语学院，英文行政管理专业）

实习地点：佛罗里达州

我在这个店工作的这段时间与我的几位同事建立了深厚的友谊，大家离开时留下了联系方式，拍照留念。这是一段很难忘的经历。

2014年我参加了云南民族大学的暑期赴美带薪实习项目。在完成一切申请表、签证之后，我在6月底怀着激动的心情来到了南卡罗来纳州的默特尔比奇。

到达那天已经是下午。我从机场出来打车到了我工作的地方，告诉我的老板我到了，我的老板知道我来了非常高兴，当天就告诉我需要准备的资料，比如护照的复印件，去社会保障局办理我的社保卡，并且告诉我工作在百老汇的 Vintage House。他给了我三天的时间休息并准备各种资料和办理需要办理的事情。我用三天的时间找到住的地方，买好自行车，办理好所有老板需要的东西，等待着上班。7月4号正式开始工作。

我的工作是商店店员。第一天过去经理首先让我熟悉工作环境。我们店主要是销售衣服和纪念品，我需要记住所有衣服和纪念品的放置位置、价格。之后经理让老员工教我如何折叠衣服，如何使用打价格、打标签的工具并跟我讲解以后需要工作的任务。工作六个小时有十五分钟的休息时间。刚刚开始工作的时候，因为每天都需要长时间站着，我觉得很辛苦，很疲惫，并且我住的地方到工作的地方需要骑半个小时自行车，所以想放弃。后来，自己还是鼓励自己坚持住。慢慢地情况开始好转，在经理和老板的指导下我渐渐地习惯了，并且做得非常好，主动微笑着询问顾客是否需要帮助，努力耐心地为顾客服务，并且在服务顾客的同时能够将顾客挑选时翻乱的衣服折叠好。因为自己努力认真，经常受到顾客表扬，老板非常赏识我，空闲时间我也会和经理和老板聊聊天，和自己的同事沟通交流。我的同事都是来自不同国家的像我一样的交换生，大家会介绍自己国家的情况，聊聊我们年轻人感兴趣的话题。我在这个店工作的这段时间与我的几位同事建立了深厚的友谊，大家离开时留下了联系方式，拍照留念。这是一段很难忘的经历。

实习时光

刘炳榕（2012 级，管理学院，财务管理专业）

实习地点：南卡罗来纳州

在今后学习、求职的路上，我会遇到更多的困难。但我相信，通过这次经历，我已变得更加成熟，为人处世方面懂得了分寸。这次社会实践是我人生路上一笔宝贵的财富。

由于被选到去香港参加交换生项目，我在美国的时间并不长。之前考虑到了房租、日常开支以及报酬，我选择了位于美国南卡州的度假胜地——默特尔比奇，所从事的工作是在万豪酒店，它是号称美国第二大宴会承包商的连锁性质的酒店。6 月成功拿到美国签证，办好相关手续，收拾行李，检查文件，从北京起飞，到芝加哥转机。短暂欣赏了芝加哥美景，数小时后抵达默特尔比奇。

一切都那么顺利地开始，却被美国航空公司弄丢行李给毁了。得知我行李还在芝加哥并且我的文件都在里面，我迅速冷静下来，到机场服务中心询问并且办理了找回行李的相关手续，然后用手机连接到机场 WiFi 发送了求助 E-mail 给了我的雇主。过了一会儿，我的雇主回复了我邮件，很抱歉地告知他在外地出差，无法去接我，并告诉我已为我安排好了空房和晚餐，最后告知第二天和我见面的时间。于是我出了机场坐上出租车，告诉司机我背得滚瓜烂熟的酒店地址。到了酒店，和前台说明了我的来意以及遭遇，确认了我身份之后成功地住上万豪酒店，半夜我接到前台的电话说行李和道歉信已经送到前台，可以下去领取。第二天，在年轻有为的雇主 Ryan 的帮助下，找到便宜又环境很不错的汽车旅馆，与分别来自土耳其、波兰的 J-1 学生共同分摊房租，并且 Ryan 很为人着想地给了我 3 天时间办理社保卡、银行卡以及处理一些私人问题。

工作

每周工作 5 天，每天 8 小时，每小时 8.5 美元，任务是管理客房。第一天上班老板热情地向大家介绍了我，安排在万豪工作了 5 年的 Mary 协助我。

在我的适应周里，Mary 耐心地反复纠正我的不足与错误。在我逐渐适应了工作环境并掌握了技巧后，我的指导老师开始让我尝试新的工作——当实习工。虽然实习工没有客房管家那么多的任务量，但是顾客需要什么告诉前台，前台再用对讲机转达给我，这需要很大的词汇量以及很强的应变能力才能及时服务顾客。这样，我经过两个星期左右才慢慢熟练，也得到了顾客满意的肯定——小费。在这里慢慢熟悉后，由于我在万豪的工作时段稳定，我开始寻找第二份工作。我首先到了 Family Kingdom 游乐场签了工作申请表，在等待的期间却又幸运地有机会在住处附近的中餐馆得到了第二份工作。

工作福利

万豪员工办公室里每天早晨都陈列好员工的清单。里面有咖啡机、冰水、水果以及糕点，有两个冰箱以及微波炉供员工使用。除此之外，有电视机与音乐播放器来调节气氛。Ryan 每月会召开员工大会时也会邀请我们 J-1 学生去，讲述公司业绩以及改善解决方案，这对增加我的财务管理专业知识也有很大的帮助。而在中餐馆里，经理是中国人，时常照顾我。这样一来，我的午餐以及晚餐有了着落，不用忍受每天微波炉的油炸食品以及昂贵却不符合我口味的餐馆。我还学会了几道中国菜的做法。

娱乐与日常

由于这里是旅游度假区，我每天都需要和不同国家与地域的不同口音的人打交道，再加上我周围的邻居都是来自世界各地的 J-1 学生，对于口语锻炼以及文化体验有很大帮助。住处离海滩水上游乐场很近，休假时我和朋友去体验了直升机、鬼屋、海上垂钓，一起观看了烟火表演，参加了各式各样的 party，第一次接触了棒球比赛，并且在这里结识到许多当地居民。有时我会趁着两天的休假坐上灰狗巴士去周边的城市旅行，当过沙发客，住过极具特色的青年旅馆，领略了不同的人文与自然风情。作为"摄影师"的我，遇到这些绝美风景，快门都停不下来。

在酒店里，信任是人与人之间最基础的东西。老板与员工，顾客与职员，陌生人之间都在体现这种美好的人文关怀。在南卡州这段时间，我发现在工作时每个人都充满干劲，每一次游玩也都是他们最有精力。我认识的朋友有些是高中毕业，有些在上大学，靠自己在 3 个月的暑假期间打工赚够学费，其工作辛苦程度绝不亚于我打两份工的量。实习的生活给予了我独立自主的机会,大到自己转机、过境、办理银行卡及各种手续,小到做饭洗衣、修理电器、计划交通路线等。

总之,在工作、生活、交友、学习等方面我受益良多,并且靠自己赚足了来回飞机票的钱。在今后学习、求职的路上,我会遇到更多的困难。但我相信,通过这次经历,我已变得更加成熟,为人处世方面懂得了分寸。这次社会实践是我人生路上一笔宝贵的财富,对我各方面能力的提高有很大帮助,为我提早适应社会做好了准备。

踏上了带薪实习的旅程

张思宇（2014级，管理学院，市场营销专业）

实习地点：佛罗里达州

> 如果以后有机会有时间我还会再参加这个项目，因为这个项目对自己能力的提高有很大的帮助。

三个月的暑期赴美带薪实习结束了，回到国内一切都显得有些许的陌生。这短短的三个月可谓浓缩了我人生中的酸甜苦辣，在我的人生中也写下了浓墨重彩的一笔。

万事开头难。兴奋、紧张、期待，我怀着各种心情踏上了带薪实习的旅程。记得在离开中国的前一晚，我还在计划着各种在旅途中会遇到的问题，尽我所能地做好所有的紧急预案，可是转眼的工夫我已经坐上了去实习的飞机。十几个小时的飞行真的很折磨人，一方面是时间太长，另一方面则是对一个陌生的国度的无数不确定。各种复杂的心情使我在飞机上难以入睡。

对第一次出国的我来说，眼前的一切都显得那么陌生。我不停地东张西望，总想尽快熟悉陌生的城市。到酒店住下后，我倒头便睡，再睁眼已是早上7点。想想这要是在中国已经接近晚上，这里却是阳光明媚，实在不敢相信我已经待在另外一片土地上了。奥兰多，一个很小很悠闲的城市，一个我以前都没有听过的城市，一个给了我许多人生启发的城市。起床后第一件事情就是出去走走，熟悉一下周边的环境，毕竟我需要在这生活三个多月。

从自己租房子，到熟悉各种工作流程，再到与各种人打交道，每一件事情都让我学到了许多。工作很辛苦，尤其是刚开始的时候，你会不习惯这里的人或者事物。语言能力是最重要的。我在国内没有好好学习英语，在工作中就处处碰壁，需要很长一段时间去适应语言问题，融入这里人们的生活。工作上的辛苦加上饮食方面的不习惯会让你觉得很难受。一旦你习惯了这一切，你会觉得工作是美好的。这次美国之行最让人期待的莫过于最后的一个月了，华盛顿、波士顿、洛杉矶等每一个城市都让我流连忘返。但当我到纽约后，我也觉得为何和自己想象中的差距那么大，又乱又脏又挤，地铁如此之破,简直不如中国的二线城市。

　　要说的实在是太多太多。虽然只有短短的几个月,却完全提高了我的各种能力,让我在语言方面有了很多提升。在生活方面我变得自立很多,学会了如何一个人去处理许多棘手的事情。如果以后有机会有时间我还会再参加这个项目,因为这个项目对自己能力的提高有很大的帮助。

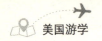

特别的记忆

武家欣（2012级，应用技术学院，汉语国际教育专业）

实习地点：南卡罗来纳州

深秋已至，我万分不舍地开始收拾行李，却也十分激动，因为我将回到祖国。这一段记忆，我将会深深印在脑海中，我觉得它将是我经历过的最特别的一段记忆。

怀着期待与对未知的好奇，在今年初夏六月，我和我的朋友一同踏上了赴美带薪实习之旅。来之前我们手握机票，对将要到达的地方一无所知，没想到三个月后的今天，离开竟会如此不舍。

我们被分到美国南卡罗来纳州的默特尔比奇，在沃尔玛做销售助理。刚下飞机，就感受到这个海滨城市的热度，热浪袭来，还真是有些招架不住呢。来之前我们跟雇主联系过，果然，刚下电梯，就看到一个高高壮壮的黑人举着沃尔玛的牌子在等我们了。他叫Macous，是沃尔玛人力资源的主管。向我们问好后，他便告诉我们会带我们去住的地方，然后去公司报到。默特尔比奇不算大，典型的旅游城市，阳光，沙滩，海岸，无不显示出这里的热闹与繁华。一路上我们好奇地观察着一切，谈笑间到了我们的住处。很幸运，我们被安排在一个海边的汽车旅馆，出门就是海滩。在阳台上，还能看到海边的摩天轮，房间里的风格也是十足的当地风格。来到沃尔玛，我们需要办理一些入职手续。在我们等待时，主管们十分热情友好地跟我们交谈，让我们轻松了不少。但听说一会儿还要面试，我们一下子又紧张了起来。Macous笑着对我们说，不用紧张，只是一般的职业测试，难度不大。在面试的时候，他也十分耐心地帮我们解释。在他的帮助下，我们很快地办理好了所有入职手续，一切都很顺利。

之后我们就开始工作了。一开始我和朋友笨手笨脚，什么都做不好。有顾客问我们问题，我们常听不懂。有些顾客很友好，鼓励我们继续努力，但有的顾客就会很生气。第一周我们过得十分艰辛，但也在慢慢习惯。在这一周里，我们也认识了很多其他国家的学生，有泰国的、土耳其的、罗马尼亚的、俄罗斯的、摩尔多瓦的、埃及的，也有美国大学生假期来工作的。由于住在同一幢公寓，我们很快也熟识了，每天一起上班，一起骑车回家，说说笑笑，很是愉快。虽然我并不能百分之百地理解他们所讲的内容，但朋友们那种认真的神情还是深深感染了我。

与其他工作的朋友们都差不多，我们的薪水并不高，工作也绝不轻松。但在这里的每一天，我们都过得特别充实。特别是经过一段时间的适应和学习，我对工作也越来越得心应手了，有顾客问问题，我说"I'm sorry"的次数也越来越少，取而代之的是自信的神态和准确的答案。慢慢地，我们的工作区域开始扩大。经理们可能觉得我们工作认真负责，哪里缺人就把我们调到哪里去，工作也更忙碌。但在这里，我很少会感受到领导和员工之间的本质区别。在这里，即使是经理，他们干起活来也毫不含糊。特别是我的经理，她是一个黑人，每次我们去找她都看见她在后库满头大汗地干活。我还看见过店长捡垃圾，在忙碌的时候去做收银员。而无一例外的是，无论什么时候，他们都精神饱满，脸上挂着笑容。当然，有时候我们也会犯错。在这种时候，最好的态度就是虚心认错并积极改正。在沃尔玛，我经常能感受到所谓全球500强榜首的企业文化，诚实是最重要的一种品质。当时我们有一个同事，他前一天因为生病没有来上班，却让他的朋友帮他打了卡。第二天这事被经理知道了，召集了我们所有交流学生去开会，他却依然抵赖说自己来上班了。结果经理把录像调出来，他无言以对。可见，诚实是最重要的一种品质。谁都会犯错，但更重要的是要有勇气承担后果。

适应了这里的生活后，才发现时间已经过了大半。很幸运的是，我们一直没有遇到过什么大的困难。也许是因为我们能够处理的事情越来越多了，觉得一切的挑战好像都无所畏惧。而且我们的同事几乎每个人都很好，很热情，乐于助人。后来我去过纽约等大城市才明白，美国的小城市确实比大城市亲切可爱得多。

室友有一天突然眼睛受伤。在我们汽车旅馆工作的一个人帮我把室友带到了医院，并且一直耐心地帮她办好了所有手续。等室友好些后，他又带我们去买药，最后把我们送回家。为了报答他的帮助，室友病好之后特意做了一顿饺子请他吃。渐渐地我们也成了朋友，后来他还邀请我们去他家里做客。他非常喜欢中国文化，家里有中国的书法字画，还经常看中国电影。他算是四分之一个中国人，外公是中国人，叔叔在这里开了一家中国餐厅。他

邀请我们去他叔叔的餐厅吃饭。看到中国人，吃到地道的中国菜，我们感到亲切极了。闲暇的时候我也会去餐厅跟他们聊聊天。我要走的时候去跟他们告别，他们反复嘱咐我说一定要再回去，再去看他们。

秋至，天气转凉，秋雨也诉说着离别。很多同事都陆陆续续地离开了。在离别的拥抱和絮语中，我们的实习也进入了尾声。在这一次漫长的旅途中，我得到的锻炼很大。回想三个月前的自己，我觉得自己真的成长了不少。我很感激这次机会，感谢每个老师对我的帮助，你们总是认真负责又热心，也感谢我的学校对我的支持。我会将我看到的、学到的分享给身边的每一个人。

深秋已至，我万分不舍地开始收拾行李，却也十分激动，因为我将回到祖国。这一段记忆，我将会深深印在脑海中，我觉得它将是我经历过的最特别的一段记忆。

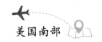

宝贵的经验

秦　智（2015级，应用技术学院，英语专业）

实习地点：南卡罗来纳州

这次项目让我们大学生提前了解了社会，为将来真正走上社会提供了宝贵的经验和阅历，也为将来从事任何工作打下了良好的基础。

社会实践是大学生课外教育的一个重要方面，也是大学生自我能力培养的一个重要方式。因此，对于我们在校大学生来说，能在暑假参加赴美带薪实习项目，给了我们一个了解英语文化和提高自我能力的重要的机会。作为即将上大三的学生，我们不能停留在大一时期那种毫无目的的迷茫状态。我们参加赴美带薪实习项目，是为了能真正从中得到收益，而不是为了实践而实践，为了完成任务而实践。我觉得我们在参加赴美带薪实习项目之前应该有一个明确的目标，为自己制订一个切实可行的计划。我们应注重实践的过程，在过程中锻炼自己和提高能力。

人生的经历是一笔财富。一分付出，一分收获，有付出，就一定会有收获。在此次项目中我们能够学到在书本中学不到的学问，它让我们开阔视野，了解社会和生活，无限回味。更何况参与赴美带薪实习项目的经历本身就是一笔宝贵的财富。

赴美带薪实习项目是体味人生的"百味筒"。要想体味一下生活的酸甜苦辣，那就请你本人参与一次吧，你一定会不虚此行，其中的味道只有亲身参与才能体味得到。异国的生活绝对是考证能力的试金石。走出校门融入美国生活的大舞台，我们才真正意识到自身学问的欠缺、能力的有限。这次项目让我们大学生提前了解了社会，为将来真正走上社会提供了宝贵的经验和阅历，也为将来从事任何工作打下了良好的基础。

赴美带薪实习项目是引导我们学生走出校门、走向社会、接触社会、了解社会、投身社会的良好形式，是培养锻炼才干的好渠道，是提升思想、修身养性、树立服务社会的思想的有效途径。暑期社会活动一直是我们大学生投身社会、体验生活和服务大众的真实契机。大学生除了学习书本知识，还要进行社会实践。很多大学生清醒地知道,"两耳不闻窗外事,一心只读圣贤书"的人不是现代社会所需的人才。大学生可以在实践中培养独立思考、独立工作和独立解决问题的能力。所以,我觉得在校大学生要借机培养自己的实践和创业能力,同时在实践中帮助别人。

转眼之间,为期三个月的项目就要结束了,辛苦和充实是这段时期最好的诠释。人生就是一个不断自我实践的过程,不断提高自己的实践能力,才能更好地接受大千世界的考验。不断实践,也算是让自己获取更多的经历。我们往往在这些经历中了解了他人的心境和思想,提高了自己的人际交往能力,获得了更多的人生感悟。我们做事不要太过功利,其实能力就是在不自觉的实践中慢慢增强的。

我一直认为,思考很重要,思考的目的就是在于从每一个得与失中发现事物的内在联系和存在的意义,而不是去怨天尤人。在思考的同时,也要认清自己,认识自我,而自我实践的过程便是在认识自我,发现自我,理解自我,掌握自我。这个暑期是我人生中的一段时间,而这个暑期原汁原味的实习生活也是我人生实践的一部分。在这之中,我所学到的和我所认识到的不只是这些,还有更多。我想,这就是一个过程,所有的一切相关联着,而又各自成为主体。它们等待着我去发现,我也会一直去寻找。

大学是一个特殊的场所。对于我们大部分大学生来说,大学是我们在求学道路上的最后一站,而社会是我们独立生存的开始之所与最终奋斗之地。所以,在大学生活中,我们不仅要钻研书本知识,也得学习融入社会。而赴美带薪实习项目则是学习融入社会和探索人生的一个重要途径。如果说实践是检验真理的唯一标准,那么一个人的人生实践就是检验其个人价值的唯一标准,一个人的社会实践就是检验其个人社会价值的唯一标准。不管做什么事情,即便是小事,也要认真仔细,绝不能敷衍了事。细节决定成败。人与人之间智力和体力的差异并不是太大,可有些人就能成功,有些人总是失败,这些成败往往取决于这些细节。

期待已久的实习开始了

马一叶（2012 级，管理学院，财务管理专业）

实习地点：阿拉巴马州

> 不得不提的当然是工作之后的旅行了。拖着行李一路从东部到西部，再从南方到北方，也是蛮拼的。

日子一天天临近，期待已久的实习要开始了。期待中夹杂着些许紧张和担心，终于拖上行李出发了。

我所实习的地方位于阿拉巴马州北部的亨茨维尔，现为世界上重要的宇宙航行研究中心之一，有国家航空和空间管理局所属的乔治·卡·马歇尔太空飞行中心。附近的雷德斯通兵器库是美国导弹部队司令部所在地。亨茨维尔也是几所世界 500 强公司所在地。一下飞机，满眼都是英语，这才反应过来自己已经入境美国了。由于飞机晚点，第一天晚上只能待在机场了。第二天一早，拖着行李来到了工作的地方——La Quinta，见到了经理 Lori。他为我安排好住的，给我准备了一些关于亨茨维尔的资料和小礼物。

每天早餐，烤个华夫饼，喝杯咖啡，就开始一天的工作了。经过上司 Alden 和 Nancy 的训练，我胜任了客房管家和洗衣房工作。Alden 是一个可爱的男孩子，每天一蹦一跳的，充满活力，工作起来非常认真。Nancy 是一个慈祥的老奶奶，非常喜欢中国，经常和我们聊天。她说，美国买的东西很多都是中国制造的。她说她喜欢中国的茶叶，中国很美，她一定要到中国旅行。

亨茨维尔虽属小城，却有着阿拉巴马州排名最靠前的大学——阿拉巴马大学亨茨维尔分校，即阿拉巴马大学的主校区，在《美国新闻与世界报道》中的最新排名为第 77 位。因此，我认识了很多留学生，经常和他们一起开 party，包饺子，煮火锅，偶尔打打保龄球，去市中心转转，生活丰富。不得不提的当然是工作之后的旅行了。拖着行李一路从东部到西部，再从南方到北方，也是蛮拼的。

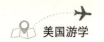

享受生活

杨与帆（2016级，应用技术学院，老挝语专业）

实习地点：田纳西州

> 这里的每一个人都很享受，享受阳光，享受食物，享受音乐，享受生活带来的一切。这里的一切都以舒服为主。

时光匆匆，转眼间就要踏上归程了。回首这短短的两个月，发生了太多太多的事情，不论好的坏的，不论积极的消极的，都充斥着许许多多的情感。这一路走来我失去了很多，也收获了很多。

回忆起刚到田纳西的第一天，我拖着疲惫的身体在机场找到了小伙伴。一群人迷迷糊糊不知东南西北，最后联系了志愿者艾丽克斯。接到我们电话的艾丽克斯赶到机场把我们从机场接走，提供各种帮助让我们安顿下来。这是第一次接触当地人并感受这里的文化。但因为舟车劳顿，我印象中的那一天就只是夕阳和软绵绵的床。在那之后，艾丽克斯一直热情地同我们保持联系，组织各种各样的活动，带着大家一起玩。艾丽克斯确确实实是一个大好人，包括他身边和他一起帮助我们的人，他们完全就是不求任何回报、只图付出的人。总之，艾丽克斯以及他身边的所有人我都很感激，是他让一群没有家人陪伴在身边的学生感受到了家的温暖、无微不至的关怀与照顾。

对于工作，刚开始满怀期待，随之而来的是抱怨。因为第一天工作大家就累趴了，回到寝室倒头就睡。心中浮现出"十万个为什么"：为什么要离开父母到这么远的地方"受罪"？为什么漂洋过海来打扫卫生？很多次有过想回家的念头，但是也都咬牙坚持过来了。也许这就是我所失去的，失去了任性，失去了对父母的依赖。我开始学会一个人面对并解决问题，直面生活给我带来的种种难题，不去逃避。公司里有许许多多的同事，有当地的老员工，有来自世界各地的学生。大家都怀着好奇的心情小心翼翼地相处，互相尊重，互相学习。刚开始交流起来比较困难，因为我的英语水平实在做不到问答自如。每一次我在工作上遇到什么问题或困难，挺身而出的永远是牙买加小哥哥。他们怕我不能够清楚地表达我的想法，都会代替我和客人或经理谈。真的很感谢他们,让我觉得并不那么孤单那么无助。我的这份工作,可以说是处于社会的底层,但客人并不会因为我的工作而忽略对我的尊重,上司也如此。工作不分高低贵贱,人人平等,人人都能获得尊重,也没有任何一个人会因为自己的工作而自卑而感觉低人一等。当客人或上司向我要求任何事时,他们都不会忘了讲一句"谢谢你"。

总之,这次参加赴美带薪实习项目感慨颇多。感谢学校和平台,感谢在这里遇到的每一个人。以后有机会的话还会再来。

经历就像一场梦

曾月华（2015级，教育学院，教育技术学专业）

实习地点：南卡罗来纳州

三个月的赴美带薪实习，苦中有乐，留下了很多美好的回忆。

时间过得很快，三个多月的赴美实习一转眼就结束了。整个经历就像一场梦，很近又很远。

回忆整个实习过程，总体来说有苦也有乐，哭过，笑过。一开始到美国，面对一个未知的环境，陌生的面孔，不同的文化。我对一切没接触过的事物充满了期待，满怀激动的心情。我们一群在一起工作的伙伴合租了房子，一起和房东交涉，在美国最奢侈的支出就是房租了！最满意的是房子的位置靠海，我们可以经常去海边玩，看日出。工作第一天去见雇主，也是挺期待的，还给雇主带了礼物，雇主也是挺友好的。但当他给我们介绍完工作，带我们去看我们每天需要做的事情时，我的心情有点失望。我们在一个水上购物中心工作，我们需要做的就是打扫街道和购物中心的三个厕所。我们需要每天在室外三十多度的环境中工作，但感觉人们大多数都特别友好，会感谢我们，甚至会塞给我们小费。其实，工作中我们还是轻松的，可以跟不同的人交流，休息时间我们可以自娱自乐。总之，有苦也有乐。大概做了一个多月，因为心里还是不能完全接受，还有身边的同事和主管特别难相处，自己又是受不了委屈的人，就向雇主提出辞职。自己又找了工作，一份在麦当劳做收银员，一份在糖果店做销售。工作待遇、环境和同事都特别好，同事在工作中挺照顾我，特别友好，而且会带我去附近好玩的地方玩。但实话实说，做什么工作都是有苦也有乐。

在生活中，我们也是挺会享受生活的，和伙伴一起买菜做饭，一起购物，一起去海边玩，一起旅游。体验了三个月的实习生活，自己的眼界还是开阔了很多。当然，辛苦工作完后，最痛快的就是可以去旅游和购物，可以去领略不同风景带来的视觉冲击，还可以领略不同的风土人情。

三个月的赴美带薪实习，苦中有乐，留下了很多美好的回忆。

他乡的温暖

黄 昆(2015级,外国语学院,英语专业)

实习地点:密西西比州

> 在这里,闲暇时间还可以遇到来自其他国家的朋友们,我们会用英语进行交谈,这不失为一种口语的锻炼。在这里还遇到了中国朋友,虽然家乡远在万里,但是在这里相遇也是一种他乡的温暖。

2016年底,学校开始了2017年暑期赴美带薪实习的项目报名。当时出于对英语文化的好奇以及期待自己的第一份实习经历,我报名了2017年暑期赴美带薪实习项目。项目的老师很热情,来我们学校跟我们详细地说明赴美要准备的相关材料,护照、签证的办理等一系列问题也都跟我们交代清楚。

2017年6月6日,我开始了自己的实习之旅。

经过了两天的时间,终于来到了工作地点——麦基诺岛。这里是全球十大名岛之一。岛上的景色非常漂亮,我很开心能够在这里工作并且度过暑假的两个月。岛上没有汽车,所以自行车受到了游客的青睐,而我就在自行车店工作。来到岛上工作的第一天,所有的一切都是陌生的,一切都从头学起。不过没关系,店里的经理很热情,一直在教我很多东西,如待客之道、自行车的维修。

就这样在自行车店里工作一个星期后,不知什么原因工作被取消了。当时很是害怕,担心被送回国。好在我及时反馈了信息,CIEE也及时帮我解决了问题。所以我便开始了自己的第二份工作——客房管家。在离自行车店不远的地方有一家旅馆叫作 Inn on Mackinaw,我的工作就在那里。雇主很热情地接待了我,就这样顺利地过渡到了第二份工作。作为客房管家,每天的工作是无聊乏味了点,因为缺少跟人交谈的机会,对于自己的口语提高帮助不是很大,但是整理房间也是对自己的一种锻炼,至少不会像在家里那样懒散,而且每天的工作都很有规律。慢慢地我也培养了自己的习惯。当然,在这里也认识到了很多年纪相仿的人,他们来自不同的国家,有着不同的口音

和文化背景。我们能够在这里相遇，注定是一场文化的交流。

我算是比较幸运的人，住宿的地方是免费的，而且还是单人间。很欣慰的是，在家里从来不敢尝试做饭的我，在这里竟然会做出中国菜，每天的尝试也让自己摸出了门道。

这里基本上没有污染，夏天游客如织，每天的住房都会爆满，所以整个夏天都很繁忙。可是一旦暑假结束后，岛上的旅游人数骤减，生意也就走向了低迷。

每天最开心的事情就是环岛骑行了。这个岛屿不大，环岛有8英里左右，一圈下来骑自行车只需要一个多小时。沉浸在美丽的景色当中，一天的疲乏也就慢慢褪去了。

在这里，闲暇时间还可以遇到来自其他国家的朋友，我们会用英语进行交谈，这不失为一种口语的锻炼。在这里还遇到了中国朋友，虽然家乡远在万里，但是在这里相遇也是一种他乡的温暖。

工作就要结束了，我会记住这里的。如果有机会，我会再次过来。

这一切有多不舍

龙泉霖（2016级，政治与公共管理学院，行政管理专业）

实习地点：田纳西州

离开的时候我们又聚在了一起，一个接一个奔进泳池，算作离别的狂欢。就在那个瞬间我才意识到，我有多舍不得这里的一切。

2017年5月28日，怀揣着无限的感概与忐忑，我终于踏上了前去实习的旅程。

我的工作地位于田纳西州赛威尔县鸽子谷，大雾山国家公园的山脚下。作为全美旅游胜地，夏季的鸽子谷热闹非凡。街头唱歌艺人深情地演唱着民谣，杂耍艺人穿梭在人群中逗乐着行人，随处可见的摄影师记录着时刻的美好。夕阳尽情地挥洒在这片陌生而又祥和的土地上，微风带着些许的燥热拍打着我的脸庞，不知不觉中我已沉溺于街道上的一切。日出而作，日落而息。这里的清晨云雾缭绕，恍若仙境。夏至的回归线离我们很近。因此，太阳8点半开始下山，我们拥有较长的白昼，落日余晖很美。客房管家的工作没有想象得轻松愉快。不过，这里大部分人都很友好，客人、经理、同事都会彼此问候。和其他人交流时经常会感觉到自己英语词汇量的匮乏，憋红了脸却也表达不清自己的意思。好在这里的人们都很耐心地倾听我的中式英语，也时常对我表达鼓励。

我也十分庆幸交到了来自世界各地的朋友们，我们相互保存了联系方式。在经历了一天工作上的劳累之后，我们会举办各式各样的party以交流感情和文化，倾诉着心中所想。我也第一次深切地感觉到虽然我们平时隔着几千甚至上万里，隔着高山与大洋，地球仍是一个紧密结合的整体。

国际学生当中中国学生占据了绝大部分，大家来自天南海北，却也紧密团结。我们组团去市中心游玩，去购物中心购物，去当地的人家做客，与房子的主人打成一片。每次到他们的家里，他们都会给我们准备小零食与礼物，并且在门口热情地欢迎我们的到来。

闲暇时间，中国伙伴们便会相约去较近的地方玩耍，鸽子谷最著名的景点便是加特林堡。这是一个充满着美国风情的小镇,也因为独特的风光吸引着美国的游客,惊悚刺激的鬼屋充满着游客的尖叫。建在海底的水族馆抬头便可看见鱼儿的嬉闹,坐上通往高山的缆车远眺小镇的全景,人头攒动。坐在小镇的路边,点上一瓶啤酒,感受着川流不息的人潮,好不惬意。但给我印象最深的却并不是加特林堡小镇,而是位于鸽子谷边缘的一座过山车主题的游乐园。建筑的主体是木头,全部的结构都采用木头建造。当你头上的过山车呼啸着往木质结构的轨道上冲过,木头发出的"嘎吱"的响声会令你胆战心惊。

并不是所有的项目参与者来到这里的目的都是体验生活与文化。也有很多同伴是来自贫穷的地方。他们利用暑假没日没夜拼命地工作,寻找着第二份、第三份甚至第四份工作,只是为了开学时可以凑够学费。

由于饮食习惯的差异,我经常因为美国食物不合口味而无法下咽,因而每天下班必去沃尔玛去采购做饭的食材。在国内菜刀都没拿过的我,也学着一步一步地参照方法做出自己习惯的食物。由于地方限制,每天做的东西很简单,通常就是一菜一汤,但能吃到符合自己口味的东西其实也会感到十分幸福。时势造英雄,困境使人成长,确实一点都没错。

时间飞逝,转眼三个月的工作时间便到了尽头,陆续开始有人离开了。在送别会上,大家紧紧相拥,表达着对彼此的不舍,其实大家都懂,天下没有不散的筵席,能遇见便已经是莫大的缘分。我也开始准备着我的新旅程。我们都带着梦想而来,因为志同道合而相聚一起,真的幸福。离开的时候我们又聚在了一起,一个接一个丢进泳池,算作离别的狂欢。就在那个瞬间我才意识到,我有多舍不得这里的一切。

我的第一个目的地便是纽约,美国最繁华的都市。纽约是个张牙舞爪的大城市,待了一周,没出过曼哈顿,摩天大楼,鳞次栉比。纽约经常有道路一地垃圾、报纸、卫生纸、饮料瓶、包装袋,满地打滚,随风飘飞。纽约街道纵横交错,工工整整。城市规划时,街道旁边盖楼像在田字格里面写汉字,局促在四四方方里。住酒店 26 层的南向房间,早上 9 点钟看不到太阳。纽约人行色匆匆,因为街密,所以不遵守交通规则,路口没车就走,不管交通信号灯,但汽车礼让行人,行人会考虑是否影响车辆正常行驶,底线尚存。纽约地铁有百年历史,阴暗,破旧。好像没有空调,倒时差的阶段乘坐,闷热得让人随时想要昏倒。

随后便是打算乘坐灰狗巴士去南方的休斯敦转机回国，机票的昂贵令我望而却步，因此选择了更便宜的交通方式。两天一夜的跋涉令我疲惫不堪，同时对祖国的思念之情也更浓了。

经历是学习的过程

吴　婷（2016 级，管理学院，财务管理专业）

实习地点：南卡罗来纳州

> 在与生活反反复复的摩擦碰撞之后，我渐渐学会从不同的角度去看待问题。其实每一次的不如意都是学习的过程，都有它存在的意义。

2017 年 6 月，我开始了以前从未经历过的旅程，独自一人在陌生的国家用不熟悉的语言生活了三个月。我知道这其中的困难，知道家里人会有不少反对的声音，也知道会一定程度上影响到自己的学业，但我还是去了，没有太多的犹豫。因为我知道，只有体验过不同的经历才能成为更好的自己。

初到美国时，感觉自己就像一个什么都不知道的孩子，什么都需要学习。就算是生活中的一个小问题也会因为语言不通而被无限放大，如怎么买东西付钱，怎么用谷歌地图查找路线，怎么到达想去的地方。一切原本习以为常的事情也会无从下手。来到美国的前几天是最艰辛的日子，不知道下个晚上会住在哪里，不能跟当地人顺利地交流，饮食方面也非常不适应。慢慢解决了基础问题并且开始适应新的生活后，我就进入正式的工作之中。这是我第一次参加长期工作，并且需要在没有家人帮助的情况下生活，一切都只能靠自己。还记得第一次去工作时我被大雨淋得全身湿透，却还要坚持完成所有工作。在与同伴回家的路上，因为自行车故障落单了，我尽管害怕也只能一个人摸索着回家。工作期间我不断地被主管挑毛病。那一段时间我也会因为各种不如意而自己生闷气，埋怨生活的艰难。但仔细一想，生活不就是这样的吗？我来到美国的目的不就是要学习和体验的吗？以后走出校园的生活也未必会一帆风顺，如果不能拥有一个良好的心态去面对这一切，那岂不是会在埋怨中度过一生？

在与生活反反复复的摩擦碰撞之后，我渐渐学会从不同的角度去看待问题。其实每一次的不如意都是学习的过程，都有它存在的意义。生活就像一个普通人，你冲他挥手一笑，他也会对你热情回复，但有时也会遇到那么几个不按常理出牌的，百般努力也未必得到好脸色。把握好自己的心态，事情就会不断地向好的方向发展。

　　闲暇时间，房东奶奶经常会带我们去博物馆或是教堂等地方了解不同的美国文化。因为居住在美国当地人家里，常常能听到或见到一些与中国不同的文化差异，这是在我来美国以前没有想到的。我会与房东奶奶交流东西方的文化差异，告诉她中国的宗教、饮食或任何我们能够想到的话题。奶奶也很高兴与不同国家的学生交流。奶奶为我们所做的不仅仅是房东对房客的事情。她为我们洗衣、做饭，担心我们晚归危险而等到深夜才去睡觉，在假期时为我们寻找各种了解美国文化的途径并且充当我们的免费司机。在奶奶的家里，我有时会有一种错觉：我不是来自别国的学生，而是房东奶奶的孩子！

　　工作结束之后，我告别了原来一起工作、生活的人，开始纽约的五天小假期。到达纽约的第一天就感觉到了大都市生活的繁忙和快节奏，像上海、北京一般。每个人都好像有很多事情等待着去完成，根本无暇顾及他人。我工作的地方是美国南部的度假城市——默特尔比奇，所有的人无不踏着悠闲的步伐，有时还会热情地问一声好。这也许就是不同地区之间的差别吧！在纽约的这段时间，走过古老的华尔街，欣赏过世界四大博物馆之一——大都会博物馆，也看过令人悲痛的"911"遗址。我真正体会到了什么叫作"看景不如听景"，有时你会发现原本无比期待的风景平淡无奇，而沿途却有意想不到的景观。

　　生活中处处有惊喜。这个假期，不虚此行。

好的沟通将会事半功倍

徐玉娟（2015级，应用技术学院，英语专业）

实习地点：南卡罗来纳州

> 它让我明白了什么是工作，让我懂得了要将理论与行动结合在一起，让我知道了自己是否拥有好的交流技能和理解沟通能力。而交流和理解是任何工作的基础，好的沟通将会事半功倍。

刚到美国，刚到工作的地方，一切对我来说都是陌生的，语言和文化等许多不同都困扰着我。甚至连时差都没能放过我，我被折磨了几天才适应。而刚到的第二天，负责人带我们办完社保卡以后，我们就开始逐步接触工作。

刚开始的几天都在培训，带我们培训的是一个叫 Nick 的同事。Nick 人特别好，很有耐心，教得也挺认真。他先带我们看了视频教学，让我们对未来三个月的工作有一些初步的了解。视频结束后，Nick 把我们带到老员工工作的房间，让我们观看他们的工作。我还记得第一天我们看的是两个中国男生工作，他们也是参加暑期赴美这个项目的，因为他们来得早，对于工作已经有些经验，我们可以向他们学习。第二、第三天还是一样的培训。我记得大概是第四天起，我们就开始自己工作。开始时是两人合作，我们共同清理一间房间，酒店的房间都很麻烦，厨房、浴室、卧室是三大难题。厨房的要求比较高，厨具要保证干净，微波炉、烤箱、冰箱和锅碗瓢盆刀叉等都要清理，玻璃杯不能留有水印和指纹。浴室要干净，不能有头发。卧室铺床对于力气小的女生来说，一开始很费劲费力。所以，即便我们是两人合作，我们的速度还是很慢，因为我们都是第一次接触这样的工作，很多地方还很生疏，加上合作需要默契，我们工作得比较慢。在一次又一次的尝试后，我们逐渐进入状态，也有些得心应手了。

终于，属于我们的第一次正式工作开始了。这次没有指导老师监督我们，Nick 也没在。结果第一天就给我留下深刻印象，那是萦绕我许多个星期的噩梦。因为我们遇到一间特别脏、特别乱的房间，那个厨房洗碗机里已经有一堆东西，整个水槽还装满了锅碗，房间里弥漫着一股异味，我整个人都不好了。对于还是工作菜鸟的我来说，这就是晴天霹雳，那天是我打扫厨房。从此，厨房给我留下了阴影，以至于后来很多个星期的合作里，我都没再弄过一次厨房。后来，那间房间是在指导老师和另一位同事的合力帮助下，我才完成的。可能真的是万事开头难吧！我们的这个开始就是一个大写的难。就这样，我和我的搭档合伙工作了很多个星期，公司本是不允许两个人一直工作下去的，合作一段时间后便要分开单独工作。如果一个人工作情况较好的话，那么以后就要一直一个人工作。一开始对于分开工作我是拒绝的，因为我认为我不可能一个人完成一间房间的打扫。从得知可能会分开工作时，我就很忐忑，我还和我的搭档说，没有他打扫厨房，我真的会"牺牲"的，毕竟我连一个厨房都没法搞定。

在一个"特别"的日子里，我们分开工作了，至少这对于我来说，是一个很大的进步，我开始尝试那些我认为自己不可能做到的事。然而，事情也的确挺出乎意料，没有我想象得那么糟糕。原来，我也可以一个人打扫一间房间。独自完成工作的那天，我真的特别骄傲和满足，因为我跨出了很重要的一步，原来我比我想象得要厉害。原来那些看似很难的事情，也只是看起来很难而已。当你愿意去尝试的时候，它也就没那么难了。在那之后，我就一直一个人工作。大概是工作了三个星期以后吧，身体开始接受了这种强度的工作。这份工作真的是很累的，做起来特别不容易，无论是对男生还是女生来说。而我们能够在工作中变得越来越好，也是一件快乐的事。

我一开始茫然无措，后来得到越来越多指导老师和工作人员的认可和赞许。还记得第一次听到那句"You did a good job"时的激动，真的特别激动。这不同于成绩得到夸赞时的激动，这是真真切切在工作实践中得到的，来之不易，所以格外珍惜。随着时间的推移，我们越来越熟悉工作，也在磨练中适应这边的文化、习俗。他们礼貌的问候，简单的夸赞，会心的微笑，都在不知不觉中改变着我们。陌生人的一句"早上好"，同事之间的一声问候，都是工作的动力。而我们几乎每次下班后都会谈论工作，如谁谁谁从指导老师那里学到了一个打扫的新方法。我们那时就像中邪一般讨论着如何加快我们打扫的速度，什么样的方法比较省力、速度快并且质量过关。

工作累是真的，但总有那么些时候，你会享受工作，真的是在享受工作。当你看着一个房间在你的手中变得干净、整洁，变得更像家的时候，那种油

然而生的自豪感,真的是怎么藏都藏不住的。我们要学会苦中作乐,要学会用积极乐观的态度面对遇到的困难挫折。同样很感谢那些一路陪伴我成长的同事们,亲切可爱的 Roby 在工作上给我极大的帮助。有各位好心的指导老师,工作忙赶时间时,还会帮助我们,不仅能给我们暖心的微笑,还会给我们莫大的鼓励。有接送我们去沃尔玛的司机 Alex 和 Eric,有辛苦工作的各位实习工。想感谢的人真的很多很多,包括一起工作的各位中国小伙伴。从他们每一个人的身上,我学到了许多东西,受益匪浅,终生难忘。

　　三个月的社会实践一晃而过,我从中领悟到很多的东西。比如,我们要在工作中不断学习不断积累,处理好和同事之间的人际关系,而这些东西将让我终生受用。对于大学生而言,敢于接受挑战是一种最基本的素质。虽然三个月的实践活动让我觉得很累很辛苦,但我从中锻炼了自己,这些是我在大学课本上学不来的。它让我明白了什么是工作,让我懂得了要将理论与行动结合在一起,让我知道了自己是否拥有好的交流技能和理解沟通能力。而交流和理解是任何工作的基础,好的沟通将会事半功倍。

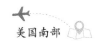
感恩与耐心

杨童嘉(2015 级 , 应用技术学院 , 英语专业)

实习地点 : 南卡罗来纳州

> 我在这次实习中提高了适应能力, 面对困难时也不再像以前那么手忙脚乱了。实习也教会了我感恩与耐心。

2017 年夏天 , 我到美国参加了带薪实习项目 , 收获颇多。读万卷书不如行万里路 , 以前在课堂上听美国的介绍 , 听美国的历史 , 学美国的文化 , 却不如我来的三个月了解得透彻。

我被分配到南卡罗来纳州的默特尔比奇工作 , 工作起初是做游乐设施操纵员。因为后面摩天轮缺检票员和装卸员 , 我就被雇主调过去了。但是我却很享受在摩天轮工作的日子。我在摩天轮主要就是负责检票 , 检查身高和开关包厢门。可是 , 开关包厢门一开始对我来说真的很艰难 , 门把是铁的拉手 , 要非常用力才能够拉动。当时心里想不应该让女生做这个工作。不过后来适应了就觉得很容易了。工作的这几个月手上都是拉门留下的老茧。在摩天轮工作的时候同事们对我都非常好 , 他们大部分都是美国当地人 , 让我更多地了解了美国的文化。我一开始很害羞 , 不愿主动交谈 , 但是后来却满地跑着和每个人开玩笑。这也是我的一大进步吧 ! 交际能力、口语能力、听力能力越来越强。

我工作每天面对不同的人。我每次都去尽力做到最好 , 非常耐心、友好 , 所以得到的反馈都不错。开始的时候听力和表达能力都跟不上 , 经常误解他人的意思 , 后来我每天尽力去学习去听 , 到后来别人刚开口我就知道他要问什么了。我的工作唯一的不足是炎热的夏天在外面暴晒。我属于户外工作 , 每天工作完都很狼狈 , 皮肤颜色也是每天变化。

下面谈一谈找房子的经历。刚到南卡时我到学生中心找房 , 找到了一个家庭。后来因为文化差异和沟通问题我就换了一个住处。当时因为我是第一个到南卡的小伙伴 , 没有任何经验 , 找房子的时候遇到一些困难。但是最后我找到了当地教会帮忙 , 非常幸运地遇到了非常棒的房东。我和房东相处

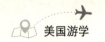

得非常好，她对我也像对女儿一样。感谢缘分，感谢她，有一种雨后彩虹的感觉。

　　我在这次实习中提高了适应能力，面对困难时也不再像以前那么手忙脚乱了。实习也教会了我感恩与耐心。实习还大大提高了我的英语应用能力。真的是学习语言一定要融入语言环境中去。这几个月我所得到的东西远远多于书本知识。

　　这个实习项目中包括了一个月的旅行时间。这期间我更是体验了真正意义上的旅行。

　　非常庆幸自己能有这样难得的机会来到美国，体验英语国家的语境。这对英语专业的我来说尤其重要。

吃苦耐劳的精神

周佳婉（2016级，应用技术学院，英语专业）

实习地点：南卡罗来纳州

通过这次赴美带薪实习的项目，我得到了许多深刻的教训，积累了一些阅历，也留下了一些美好的回忆。在今后的学习生活中，我将会身体力行，发挥实习时吃苦耐劳的精神，克服遇到的困难。

我今年暑假参加了为期约四个月的2017年赴美带薪实习项目。现在对这次的赴美实习进行以下总结。

当初来美国前的场景历历在目。晚上会失眠，毕竟是长这么大第一次跟爸爸妈妈离得那么远，第一次要完全依靠自己独立生活。我怕自己做得不够好，怕自己不能完成工作。但我知道，人终究要成长，终究会长大。

看着飞机起飞，那种不安和焦虑瞬间被对未知的兴奋与激动而取代。我终于要去实习了！

人始终要这样，经历着无数的第一次才会慢慢长大。

第一次在飞机上坐长达16个小时，第一次面对各种转机时遇到的不确定情况……无数的第一次伴随我从昆明抵达北京，从北京抵达波士顿，从波士顿到默特尔比奇，伴随我真正开始我的赴美带薪实习之旅。

我工作的地点位于南卡罗来纳州霍里县默特尔比奇。公司的名字叫Repley's，是一个国际娱乐公司，它有许多景点，例如，信不信由你博物馆、镜子迷宫、鬼屋探险、水族馆、移动影院和电玩城。我的具体工作是当收银员，偶尔我也会到鬼屋里客串演员。默特尔比奇是一个慢节奏的城市，每一个人都很友好，走在街上总有人对你点头微笑说"你好"。这里真的是一个养老的城市。我的工作时间是不固定的，一般来说是晚上九点半或者十一点半就下班。在六七月份旺季关门时间一般在晚上十二点半左右。我的工作说辛苦也辛苦，说不辛苦也不辛苦。说不辛苦是因为我在室内上班，不用在外风吹日晒，说辛苦是因为上班时间太长了，有时候会从早上九点半上到次日凌晨一点半。但是想到有钱赚，那一切都不是问题了。刚开始，我经常会出错，

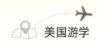

再加上没有工作经验，每次上班我都很紧张。但过了一段时间后，我慢慢地掌握了技巧，在同事的帮助下，加上自己细心观察，大部分的工作我都能独自胜任了。

说到交流，开始真的是满路荆棘。我发现在学校学的十几年英语在实习时能用得上的就没几句。自己说得慢，而且要反复思考，对于美国人自以为很慢的语速，我很难跟上。幸运的是，我遇到了一些好朋友、好同事。我有一群来自俄罗斯、土耳其、牙买加的同事，他们愿意耐心地听我讲，并指出错误，虽然他们说的英语也不正宗。就是这样，我不怕说得慢、不怕说错，只要是有机会能让我开口，我都会紧紧抓住。后来，在交流的过程中，我们无所不谈，知识面、眼界显然得到了拓展。

最兴奋的时候还是第一次拿到工资单的时候。税后700多美元，这是我人生的第一桶金。之后的我在工作上更加努力，所以每一次拿到的工资都比上一次的多。

尽管工作时间很长，但是在工作完以后我还是选择在美国旅游一个月。我先是去了尼亚加拉大瀑布，然后是华盛顿和纽约。无论是自然景观，还是城市风貌，都让我记忆犹新。我参观了壮观的瀑布、白宫、各种博物馆、唐人街和帝国大厦等。在纽约我还和我的老友一起在时代广场拍照。然后，我们去了黄石国家公园，领略了大自然的美。最后，我与几个同学来到了我们在美国的最后一站——洛杉矶。我们逛了洛杉矶市中心，当然也不能错过当地最著名的环球影城，玩得是不亦乐乎。

总的来说，通过这次赴美带薪实习的项目，我得到了许多深刻的教训，积累了一些阅历，也留下了一些美好的回忆。在今后的学习生活中，我将会身体力行，发挥实习时吃苦耐劳的精神，克服遇到的困难。

盟盟的"历险记"

赵若盟（2017 级研，外国语学院，英语专业）

实习地点：南卡罗来纳州

感谢经历，感谢帮助过我的你们，感谢老师、朋友和家人的鼓励，最后还要感谢不放弃、肯吃苦的自己。

初到查尔斯顿

我前往美国乘坐的是美国航空。紧靠我旁边坐的是一位中国女生，28 岁，本科就读于北京化工大学的化工专业，现在美国佛罗里达州立大学读博士。当她得知我独自一人去美国，而且在美国还没有找到住所，也没有人接机，没有认识的人，她简直惊呆了，说我简直就是"三无"产品，勇气可嘉啊，啥都没有就敢去美国。她之所以这样说，是因为她当初去美国的时候是学校已经安排好了住宿，还有接机等等。感谢在飞机上遇到的这个中国姐姐，因为飞机延误，她改签了航班。本来应该是我一个人独自在达拉斯过夜，但最后她因为飞机延误，就陪我在达拉斯机场待了一晚。因为我的美国手机卡客服出了点故障，导致我到了美国出现"失联"状况，手机完全没信号。幸亏她给我开了热点，我才能发微信动态，给家人打电话报平安。

因为一直待在机场，所以我早早就去排队取票安检。达拉斯飞查尔斯顿机票以及行李托运全程自助，机票自助打印机上可以选择语言，然后自行打印托运行李的二维码条，自己贴好。因为中国托运行李都是人工柜台，所以第一次接触自主打印有点懵，打出行李条后，直接拿着它去找工作人员了。但是，让我意外的是，工作人员态度并不是很友好，而是很生气地让我仔细看她怎么做，挺不耐烦地给我贴好，然后说："You should do it by yourself."

一个人，第一次全英文在国外租房，问清楚了各种细节，签租房合同，到电力公司开户等等，几经周折，终于顺利地住进了公寓。公寓很干净、安全。我们有两次忘记锁门直接就走了，回来后家里东西一点都没少。有些人家不仅不关门，东西还都直接放在外面。当然了，什么都不是绝对的！比如，在市区的餐厅，有个土耳其男生把他的自行车放在餐厅门口，晚上 8 点多下班后，

就发现车胎被人扎了，锁也被撬了。无奈之下，他只能搭 Uber 回家。

不得不说，查尔斯顿是一个挺贴心的城市。一上公交，司机基本都会主动问候你，而且每辆公交上都配有当地所有公交车的纸质线路时间地图，免费提供给乘客查阅。每到一站，公交车前后门都会开，乘客可以自行选择从前门或者后门下车。如果你投零钱出了问题，司机会很耐心地等待你把问题解决了才开动车。而且，前门开的时候，车头会自动降低一些，方便乘客上下车；公交下车按铃并不是只有在后门附近有，每个窗户上都绑有一根黄色的橡皮绳，轻轻一拉动，铃就会响，司机就知道有人要下车。

要特别注意的是，查尔斯顿公交是没有语音报站的。所以，刚到美国不熟悉路况的人上车后需要告诉司机自己要在哪一站下车，到站后，司机会非常耐心地提醒你。看你是刚来的，他们还会与你友好耐心地交谈。

查尔斯顿的大部分人都很友善，比如路上骑自行车，就有人主动打招呼问候你。那天在去办社保卡，因为不熟悉线路，所以来回走了很多趟。路上遇到了一辆卖 pop 冰棍的车，虽然我们没有买，但是老板看我们像是不认路的样子，主动问我们去哪里，然后还告诉我们路要怎么走，最后还说"have a good day"。

因为美国多半都是刷卡消费，所以我们决定去办理美国银行卡。在雇主的推荐下，我们选择了美国银行。

开始工作

我工作的地点是美国南卡州查尔斯顿市中心的阿甘虾餐厅。这家餐厅设计灵感来源于电影《阿甘正传》。阿甘虾餐厅是风靡全球的美式餐饮连锁店，现在在世界各地共有四十多家分店。

来到餐厅门外，看到了阿甘等巴士时坐的长椅及阿甘的石膏模型跑鞋。店内的装潢也很有意思，以《阿甘正传》的精彩片段为主，包括复制的剧本、电影故事板、戏服、鞋及剧照等。每张餐桌上都放有阿甘手写的名言。每张桌子上都有一个小牌子，当你翻动桌上的"Run Forrest"时，店员就会飞奔过来；而当你点一杯玛格丽特，全店的服务生会为你演唱歌曲（我真的亲眼见到全餐厅的工作人员边鼓掌边为顾客庆祝生日的场面，特别震撼），让你在享受美食之余，还能回味这部电影。

店中的美食以虾为主，特别推荐炭烧马凯鱼配嫩虾、阿甘虾大荟、甘妈南部风味酥炸鲜虾等。黑人女孩带领我工作。我先从布置餐桌做起，包括认桌号、擦桌子、摆餐具等。因为我的职位是接待，所以需要戴对讲机和耳麦。天呐，戴上耳麦的那一瞬间感觉整个人都不好了！耳机里各种英语轰炸，简直堪比常速 VOA 英语的 2 倍速。刚开始特别懵，有时候连别人通过对讲机叫我名字都反应不过来。

工作休息的时候经常会跟同事聊天，挺为祖国感到骄傲的。有一次，我拿出手机拍照，刚好被一个牙买加的女同事看到了。她说我的手机像素特别好，问我手机牌子。我说是华为，她说她知道华为，说华为像素就是很好。我当时很震惊，没想到中国手机品牌知名度真的已经这么高了！

感受美国

美国对个人权益比较注重，如果工时少了，员工有权追回应有的工时。员工跟餐厅经理讲话就与跟普通人讲话态度是一样的，直呼经理名字。经理与员工交流的时候也非常友好，让人感受不到地位的差异。

7 月 10 日晚上，我们被同事 Marisa 邀请去她家里参加 party。在去的路上，一位乌克兰男生就告诉我说其实美国人的 party 并不是想象中的那种特别热闹、吃吃喝喝玩玩的 party，有可能一定意义上只是个聚会，一堆人坐在一起聊聊天而已。

果然，当我们到了 Marisa 家的时候，她啥也没有准备，刚洗完澡，然后从冰箱里给我们拿了瓶口塞了鲜柠檬片的啤酒。我是中国人嘛，总觉得去人家做客不能空着手的，所以特意在下班途中买了一堆薯片，同行的乌克兰男生就什么都没有买。到了之后，我把一大塑料袋的薯片送给 Marisa 后，她非常开心，当即就把薯片倒在了桌子上，然后开始和我们聊天。她说自己 2017 年刚结婚，但是因为某些原因打算跟丈夫离婚，现在两人已经分居。她和一个好朋友现在住在这个房子里。现在餐厅是淡季，生意不景气，她感觉自己都要"破产"了，所以去卡拉 OK 都不点酒喝了，提前在家里喝完，省点钱。听到这个后，我觉得美国人真的超级爱玩啊！没怎么有钱还 party、卡拉 OK？真的是超前消费，享受至上！

聊了一会儿后，Marisa 就把两张桌子摆了出来，弄了很多塑料杯子和乒乓球，开始投球游戏。我和 Marisa 一组，连赢了两轮。挺有意思的！

在美国真的经历体验超多，说实话，一路挺坎坷的！感谢一路都有贵人相助，我真的已经很幸运了。感谢经历，感谢帮助过我的你们，感谢老师、朋友和家人的鼓励，最后还要感谢不放弃、肯吃苦的自己。

不一样的实习感知

杨新蕾（2013级，外国语学院，英语专业）

实习地点：阿拉巴马州

在学校听了一次关于赴美带薪实习的宣讲会后，我思前想后了好久，终于跟家里开口表明自己想要参加这次难得的实习，家里的态度是："你既然决定了，那我们都会支持你。去吧，我们等你回来。"

想了好久都没有动笔，不知道应该以怎样的方式来叙述这一次难忘的经历。在学校听了一次关于赴美带薪实习的宣讲会后，我思前想后了好久，终于跟家里开口表明自己想要参加这次难得的实习，家里的态度是："你既然决定了，那我们都会支持你。去吧，我们等你回来。"

于是回到学校后我开始为赴美做准备。在负责老师的帮助和指导下，一切都进行得很顺利。分配的工作、工作时间和地点都确定下来了，在跟学院以及各科老师说明请假后，跟学校递交申请，签字确认之后，英语口语测试以及美国雇主的面试都有序进行，面试通过后开始办理护照签证。最后一切准备就绪，紧张地等待着飞往实习地的航班。

到了，终于到了，晚上11:30到的彭萨克拉机场，刚从机场大厅出来就能感受到阿拉巴马州的湿热天气。第二天被接到住处之后我一直在倒时差，睡得不分昼夜。不久两个后到的中国室友终于住了进来，我们三个立马打成一片，成了最要好的朋友。到那里后的第四天我们开始了任职培训，培训结束后正式开始了工作。我的工作是客房管家，工作内容是负责打扫度假酒店的房间卫生，她们俩的工作是负责房间的检查工作。每个人都发工作服，配有打扫的工具车。每一天早上9:00开始工作，14:00或是15:00就能结束一天的工作。我的同事有来自哥伦比亚的、保加利亚的、罗马尼亚的。每一天都会有来自罗马尼亚的Veranica给你有爱的拥抱，有保加利亚的Nix逗你乐，有哥伦比亚的Lina和Inish冲你微笑，有当地人Palm跟你说"早安"，有大方的客人给你小费。我们很快就熟悉了这里的工作，并且和同事们相处得很开心。不久后，我们的奇遇开始了。

　　我们认识了一对美国夫妻，和他们拍照留念，留了联系电话。第二天，我们邀请他们来我们家里吃晚餐，我们要给他们做中国的特色美味。他们给我们带了美味的美国甜点苹果派和坚果派作为礼物。我们那时候刚刚弄好食材准备开始做。他们两人坐在一边看着我们三个手忙脚乱地忙活，看到我们你一言我一句商量如何做菜，被我们逗乐了，脸上满是幸福的笑，像是看着自己的孩子们第一次为爸妈做晚餐一样暖心。终于，一顿中式大餐做好了，饭桌上我们就像是一家人一样有说有笑地聊天。他们给我们分享当地的风俗习惯、有趣的节日活动和当地特色，我们给他们介绍我们的传统节日，介绍中国著名景点，分享我们在中国的事，聊我们工作上发生的好玩事，讲我们的每一个同事和上司的特点，还有与客人之间发生的趣事。美好的晚餐让我们的心更近了一步。他们带我们去游乐园坐摩天轮，去沙滩看日出和夕阳，带我们去拜访他们的父母。就这样，在每天的辛苦工作之余我们有了每天必须要干的事情就是和"爸爸""妈妈"待在一起，度过美好的时光。像是梦境一般，我们一家人彼此珍惜着在一起的时光。再说说我们仨。她们俩比我晚到三天，那天晚上当她们第一次走进房子里我看到她们时，我第一句话问的是："你们饿了吗？我给你们做饭。"俩人感动极了，急忙点头说"好"。之后我们仨之间迅速地建立起深厚的友谊，一起骑车上下班，一起过马路，一起吃午餐，一起用全民 K 歌大声唱歌，一起为爸爸、妈妈买礼物，喝同一杯水，睡同一个床，一起洗澡，从亲密无间到无话不说，再到现在的"生死与共"。

　　三个月过得太精彩，所以不忍心计算还能实习的日子有几天。想起三人丢失自行车后给警察大叔打电话，海里游泳被水母弄伤，第一个月每天四五顿饭的养猪生活，一认识朋友就请他来家吃饭的热情豪气，每天洗完衣服都会丢失一只袜子的神奇洗衣机，总是能装很多又不会变形变坏的午餐袋，总是多种多样无奇不有的神奇酱料，总是在坏的空调、炉子和衣柜门，为了抓螃蟹掉进海里浑身是伤但还一直说不疼的芯宝，总要要抱着人才能睡觉的迪宝，虔诚善良的世界上最好的"父母"，吃饭前都要祈祷、喜欢隔空抓蚊子的吵闹活泼的小猫 Bubby，安静斯文不喜欢黏人的 Cici，还有每天都会去好多遍的泳池，每天都会踩点上班被老板找、努力工作、爱着爸爸、妈妈、芯宝迪宝的快乐的我。我喜欢实习的点点滴滴。

附录 1　云南民族大学 2014—2018 年暑期赴美人文交流情况

2014 年

姓名	学院	专业	实习地点
夏山	东南亚学院	泰语	得克萨斯州
陈珂钰	东南亚学院	泰语	得克萨斯州
李路	外国语学院	英文行政管理	佛罗里达州
罗婷耀	外国语学院	英语	佛罗里达州
刘炳榕	管理学院	财务管理	南卡罗来纳州
张玲	经济学院	经济学	佛罗里达州
张思宇	管理学院	市场营销	佛罗里达州
李函颖	艺术学院	舞蹈	南卡罗来纳州
龚亚玲	艺术学院	舞蹈	南卡罗来纳州
武家欣	应用技术学院	汉语国际教育	南卡罗来纳州
马瑗	法学院	法律	科罗拉多州
乔枫戈	应用技术学院	汉语国际教育	南卡罗来纳州
姚贺玺	管理学院	会计	得克萨斯州
张诗琪	应用技术学院	对外汉语	得克萨斯州
马一叶	管理学院	财务管理	阿拉巴马州
杨志娟	东南亚学院	老挝语	宾夕法尼亚州
金航	应用技术学院	英语	新泽西州
陈思璇	东语学院	马来语	新泽西州
许思雨	外国语学院	翻译	马萨诸塞州
孟夏	外国语学院	西方文化	新泽西州

2015 年

姓名	学院	专业	实习地点
余艺	外国语学院	翻译	缅因州
朱晓敏	外国语学院	翻译	缅因州
李晓然	经济学院	统计学	缅因州
马俊楠	研究生院	社会保障	缅因州
樊家铭	研究生院	行政管理	威斯康星州
罗杰	人文学院	汉语言文学	威斯康星州
钟雷	研究生院	无机化学	威斯康星州
龙安莎	东南亚学院	泰语	缅因州
顾婷莎	管理学院	财务管理	缅因州
李欣蕊	管理学院	公共事业管理	得克萨斯州
容炯根茸	职业技术学院	财务会计教育	加利福尼亚州
李淑斌	职业技术学院	财务会计教育	加利福尼亚州
焦柯鑫	职业技术学院	旅游管理	北达科他州
马乐	职业技术学院	财务会计教育	北达科他州
马文野	经济学院	国际贸易	北达科他州
张瑾	应用技术学院	汉语言文学	怀俄明州
程蒙蒙	管理学院	市场营销	新罕布什尔州
左张楠	应用技术学院	工商管理	怀俄明州

2016 年

姓名	学院	专业	实习地点
李芊颖	东南亚学院	柬埔寨语	得克萨斯州
徐立清	外国语学院	英语	得克萨斯州
王路艳	外国语学院	英语	新罕布什尔州
李金壁	外国语学院	英语	新罕布什尔州
孔洁	管理学院	财务管理	蒙大拿州
范晓凤	外国语学院	英语	蒙大拿州
任禹静	外国语学院	英语	蒙大拿州
熊烨	外国语学院	英语	蒙大拿州
杨梅	外国语学院	英语	加利福尼亚州
金纬	外国语学院	翻译	缅因州
王靖棵	外国语学院	英语	缅因州
杨新蕾	外国语学院	英语	阿拉巴马州
张天澜	研究生院	英语	新泽西州
程子浪	外国语学院	翻译	缅因州

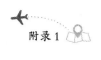

2017 年

姓名	学院	专业	实习地点
秦智	应用技术学院	英语	南卡罗来纳州
陈蕾桦	应用技术学院	老挝语	南达科他州
徐玉娟	应用技术学院	英语	南卡罗来纳州
张丽娟	应用技术学院	英语	南达科他州
洪齐	应用技术学院	老挝语	南卡罗来纳州
杨与帆	应用技术学院	老挝语	田纳西州
杨澎	应用技术学院	英语	南达科他州
杨童嘉	应用技术学院	英语	南卡罗来纳州
周佳婉	应用技术学院	英语	南卡罗来纳州
吴婷	管理学院	财务管理	南卡罗来纳州
曾月华	教育学院	教育技术学	南卡罗来纳州
刘江宁	经济学院	国际贸易	南卡罗来纳州
龙泉霖	政治与公共管理学院	行政管理	田纳西州
李晓然	经济学院	统计学	马里兰州
王云龙	职业技术学院	动画	亚利桑那州
郭世炎	外国语学院	口译	宾夕法尼亚州
张颖晖	外国语学院	英语	宾夕法尼亚州
乐晓朋	外国语学院	英语	北卡罗来纳州
司晗琪	外国语学院	口译	北卡罗来纳州
傅炜楠	外国语学院	英语	明尼苏达州
李济倩	外国语学院	英语	明尼苏达州
朱俊波	外国语学院	翻译	得克萨斯州
欧阳雪	外国语学院	英语	得克萨斯州
周晓雪	外国语学院	英语	科罗拉多州
黄昆	外国语学院	英语	密西西比州
郑银娟	外国语学院	英语	宾夕法尼亚州
陈思敏	外国语学院	英语	马里兰州
刘易之	外国语学院	翻译	印第安纳州
郭韵	管理学院	会计学	新罕布什尔州

姓名	学院	专业	实习地点
陈朝艳	电气信息工程学院	土木工程	加利福尼亚州
李幸	电气信息工程学院	通信工程	加利福尼亚州

2018 年

姓名	学院	专业	实习地点
吴善超	化学与环境学院	化学	蒙大拿州
刘睿	管理学院	旅游管理	南卡罗来纳州
李思瑶	外国语学院	翻译	得克萨斯州
梁艺芸	外国语学院	翻译	得克萨斯州
赵若盟	外国语学院	英语	南卡罗来纳州
凌韩	外国语学院	英语	蒙大拿州
雷舒雅	东南亚学院	缅甸语	弗吉尼亚州
吴赵鸿辰	应用技术学院	广告学	佛蒙特州
张贾明慧	应用技术学院	英语	俄勒冈州
孙欣玥	应用技术学院	汉语国际教育	俄勒冈州
彭元	应用技术学院	旅游管理	俄亥俄州
李思琪	应用技术学院	工商管理	科罗拉多州
曹言朋	应用技术学院	旅游管理	弗吉尼亚州
段桂美	应用技术学院	旅游管理	南卡罗来纳州

附录 2 赴美游学相关提示

1. 出境注意事项

（1）签证材料准备

必备材料	辅助文件
护照原件 身份证原件 签证照片（2 张，尺寸为 51mm×51mm，正方形、露耳、无饰品佩戴、无化妆的近期签证照） 确认预约单 DS2019 DS160 确认页 SEVIS Fee 医疗保险文件	学生证（加盖钢印的学生证，如不能提供，请携带校园卡） Poss. 表（签证当天给你） 存款证明（大于等于人民币 5 万元的存款证明），房产证，有车产的或者营业执照的同学带好相关财产证明 父母工作及收入证明 户口簿 打印一份完整的 Offer 并且签好字 一张全家福照片 打印好上学期期末成绩单，并在学校有关部门盖好章 （以上辅助材料不需要主动给签证官，如果签证官问你要，你再提供！）
特别说明：签证通过后，签证官通常会在 DS2019 表上签字，并将 DS2019 表给你，但是如果签证官忘记了，一定要记得把 DS2019 表要回来！因为这张表只有一份，如果外方重新补发需要你补交 300 美元！	

（2）出国准备

随身携带你的个人文件（所有的文件复印一份放在行李中）

护照

DS2019 表

I-797（SEVIS Fee）表

Offer（雇主的地址和联系电话）

Students ID card（Sponsor 的紧急联系电话）

往返行程单

保险文件

至少 800 美元现金

请同学们一定要保管好自己的护照，因为护照丢失需要前往大使馆办理，过程比较繁琐。另 DS2019 表和社会保障卡也不可丢失，这些都是同学们回国退税的重要文件。

（3）抵美注意事项

注册 SEVIS

申请社会保障卡

给家人报平安

注意签订住房合同

每月向美基金会登记

2. 工作时需要注意的问题

守时——非常重要,总迟到会使你失去你的工作;

微笑——总是带着微笑,尤其是在服务岗位;

尊重——顾客是上帝;

敬语——常用"请"和"谢谢";

态度——注重效率和团队合作;

勇敢——结交新朋友,尝试新事物;

仪态——保持个人卫生,整洁,干净,得体;

沟通——很多问题都是由于沟通不畅导致的,可以请英语好的同学帮忙;

责任心——如遇不能上班的情况,一定要提前请假;

心态——耐心、留心、细心;

交流——尽可能多地练习英语;

习惯——养成邮件沟通的好习惯,保存好工资单和打卡记录。

寻找二工岗位的途径:网上找;当地 Job Paper（美国没有报亭,超市门口的箱子一般都有报纸,有的免费,有的收费,收费的投币自取）;Job Fair;挨家挨户找,锻炼毅力（到机场附近、商业区）。

3. 生活中需要注意的问题

（1）伙食餐饮

由于不同的饮食文化,你的"中国胃"可能吃不习惯美国的食物,出发前可从国内带一些调味品。美国也随处可见亚洲超市和中餐厅,但物品并没有国内这么齐全,中餐厅也为了适应外国人的口味进行了改变。

（2）电话卡

建议同学们开通国际漫游业务，并且在淘宝上提前买好美国电话卡，这样方便下机后与雇主取得联系。不同地区、不同时长的电话卡价格不一，需要同学们提前询问。另外，由于手机配置不同，还需向客服了解清楚自己手机的网络信号。购买后一定要与客服沟通好开通时间，以免耽误自己使用。

（3）现金／国际银行卡

出国前去银行兑换至少 800 美元的现金，银行一般只可兑换 100 美元的纸币，没有零钱。有条件或者时间充裕的同学可提前办理一张 Visa 或者 Master 卡，方便出境后使用。

（4）聊天软件

美国人主要使用 Facebook 和 Messenger 进行交流。其用法和功能与国内软件类似。邮箱也是美国人生活的必需品，他们运用邮箱类似我们的短信，有时发送消息不用很正式，也没有必要的格式要求。

（5）办理美国银行卡

美国开银行卡首先是到营业厅进行登记开户，然后一周后会收到银行邮寄的正式的印有姓名的银行卡。美国银行有很多，如 Bank of America、Wells Fargo。美国各家银行的 APP 都可进行网上支票存取、转账、链接 Facebook 等软件，购买机票、车票也十分方便。回国前建议同学们注销银行卡，如不注销很有可能产生高额的管理费用。

（6）交通工具

有些同学工作地点和住宿地点有一段距离，那么就需要租车或者购买自行车。一般可以请房东和雇主帮忙，也可以在网上淘二手车。

（7）住宿安排

与房东签订合同，规定好责任，询问清楚押金事宜。每周按时缴纳房租，与房东友好相处，与舍友保持良好沟通。避免因文化差异造成不必要的误会，注意个人卫生和公共区域整洁，定时大扫除。注重他人隐私和自身财务安全。离开时提前与房东结算好房租。

（8）购物指南

由于美国是汽车上的国家，平时超市购物已经成为美国人生活文化中的一部分。同学们自行前往超市不便利的情况下,应与房东协商,他们很乐意给予帮助。爱网购的同学应该注意,美国物流并不十分发达,如有想买的东西,应提前一到两周购买,以防离开时还收不到货。美国著名的奥特莱斯是购物者的天堂,你还可以用地图搜索最近的,前往购物。

4. 文化小常识

早期的移民把欧洲文化带到美国。很快这些文化遍及美国各地。许多美国艺术家对于发展新的风格、新的自我表现方式甚至新的文化型式都作出了巨大的贡献。

(1)文学

美国的文学被翻译为世界各种语言。早在美国历史初期,美国就产生了许多杰出的作家。最早的古柏、霍桑以及欧文描写了一个年轻并且不断成长的美国。后来,梅尔维尔写出有关海洋的小说以探讨道德问题。马克•吐温则表现了密西西比河上生活的情趣与幽默。七个美国人曾经获得诺贝尔文学奖:剧作家尤金•欧尼尔与小说家索尔拜娄、赛珍珠、福克纳、海明威、辛克莱•路易士以及史坦贝克。

(2)绘画

1913 年,一个现代艺术的展览会在纽约市的兵工大厦举行。这个兵工大厦画展大大改革了美国艺术,一群写实主义的画家们开了这个画展,以抗议那些拒绝陈列他们作品的保守画廊。这个展览同时也展出欧洲艺术家的作品,这些抽象作品极具吸引力。人们觉得现代的欧洲艺术是可以被了解的,或者说是够吓人的。而美国艺术家们则觉得它们很刺激。于是,许多美国画家开始采取欧洲的风格。20 世纪 30 年代的一些画家,如葛兰特•伍德,都是只描绘他们自己家乡的地域主义者。然而到了 40 年代,许多画家,如哈佩,都属写实主义派画家。抽象艺术则是在 50 年代才确立它的地位。今天,美国的画家们仍然不断地尝试新风格。举例而言,普普艺术(意即风行普遍,或者是因为看来像海报,或是利用喜剧式的线条)首次出现在 50 年代。而在 60 年代,引人注意的则是那些视觉幻像的图画——欧普艺术。

(3)建筑

在美国的早期历史中,建筑一直是呈现美国风貌的。19 世纪末,沙利文

设计出摩天大楼。而赖特的想像力也影响了世界各地的建筑师。

（4）雕塑

美国的雕塑在20世纪前一直受到欧洲风格的影响。圣·高登是19世纪能在其作品中表现出真正想像力的美国雕塑家。今日，美国雕塑完全是一种个人的表现，它以各种不同的形式出现，而且材料包罗万象。举例来说，德维森是以他为名人雕塑栩栩如生的青铜像而出名。史坦其卫兹则是以金属为原料焊接成惊人的抽象作品。

（5）舞蹈

舞蹈反映出美国人不断求变的欲望以及他们对新奇事物的喜好。萧恩和丹尼斯等著名的舞者不断地在传统舞蹈中引入新的形式，创造出现代舞。通过对自然性舞步与动作的强调，美国人也以新的方式表现古典芭蕾。

（6）电影

美国人在默片时代首先把电影当作一种艺术表达形式。从那时开始，电影成了一种全世界千百万人的最佳娱乐。从默片时代开始，电影演员就一直是国际名人，默片是喜剧的经典。

（7）音乐

20世纪初期，美国作曲家开始发展美国的音乐风格。他们很快得到世界的承认。指挥家、作曲家伯恩斯坦与钢琴家化滋都跻身今日美国乐坛的领导人士之列。爵士乐则是由美国人创造出来的。在这方面著名的演艺者有吉勒斯皮等人。

（8）语言

语言是文化的一个特殊组成部分。美式英语是受美国社会多元文化影响以及不断创新而形成的一种变体。由于美国文化的强大影响，越来越多的美式英语词汇及表达法出现在英国人的生活和工作中。英式英语已经开始由一个传统意义上的"输出者"变为"输入者"。牛津大学出版社最近所做的一项分析调查显示，英国孩子越来越多地使用美式英语，越来越多的美式英语表达开始出现在他们的作文中。造成这种结果的原因很多。文艺界名流惯用美式英语对此起到了推波助澜的作用，例如，红遍大西洋两岸的英国电视选秀节目制作人西蒙·考威尔就经常在电视上说美式英语。

（9）礼仪

在非正式场合，美国人之间的交往非常随便。朋友见面时，只要招呼一声 "Hello" 即可。即使两个人第一次见面，也不一定非要握手，只要笑一笑，打个招呼就可以了。但在正式场合，美国人对礼节的讲究丝毫不逊色于欧洲国家。

大多数美国人一般不喜欢用 "先生" "小姐" 等称呼。多数美国人，无论男女老少，甚至上下级之间，一般都比较喜欢别人直呼自己的名字，并认为这是亲切友好的表示。

美国人特别重视个人隐私，不会问新结识的朋友任何有关个人收入、年龄、婚姻状况以及宗教、政治等方面的问题。他们还讲究个人空间。和美国人讲话，不要离得太近。

接受餐饮、理发、外卖、停车、搬运行李等各种服务后付小费也是美国人的习惯，小费的数额一般是 15%（即账单金额的 15%）。如果服务特别好，则付 20%。

（10）餐饮

美国人喜欢一日多餐，每餐适量。

一次性购买一周的食品贮存在冰箱里，每日食用冷冻食品。

美国人宴客或过节，从不铺张，也不劝酒。

美国人做菜放盐少，甚至完全不放盐。

餐后习惯加一份甜食，而中国人餐后习惯食水果。

中国人往往餐后饮一杯热茶，而美国人餐后却爱饮咖啡。

（11）着装

其实美国人自有一套穿着规矩，讲究在不同的场合穿合适的服装。他们称之为 dress code，说白了就是着装规则。男女之间初次约会、女生 16 岁成人礼、高中毕业舞会、职场面试、婚礼、葬礼、礼拜天去教堂、公司一年一度的大型圣诞晚会，甚至去好一些的餐厅、进剧院看戏，都有一套约定俗成的着装规则，要是弄混了很可能会身陷窘境。美国人的着装规则大概有五类：正式（包括半正式）、非正式（就是商务装）、商务休闲、休闲、运动装。如果你受邀去参加一个派对，那你要做的第一件事不是急着找寻衣服，而是问清楚这个派对的 dress code。

5. 节日普及

美国是一个文化大国。短暂而独特丰富的历史把它造就为一个民族的熔炉和世界文化的汇聚之地。若想对它的文化一探究竟,我们不妨取一条捷径,那就是对他的节日做一个大概的了解,因为节日是文化的缩影。透过复活节和圣诞节,我们不难看到美国人宗教信仰的影子;透过圣帕特里克节和愚人节,我们可以找到美国民族构成的渊源;透过感恩节、国旗日和一个个历史名人的诞辰,我们又会感受到美国历史的积淀;也许,当我们了解了美国人是怎样度过母亲节和植树节时,我们还能对美国人的日常生活和思想观念略见一斑。

(1)1月

新年

新年是全美各州一致庆祝的主要节日。美国人过新年,最热闹的是新年前天晚上。入夜,人们聚集在教堂、街头或广场,唱诗、祈祷、祝福、忏悔,并一同迎候那除旧更新的一瞬。午夜12点,全国教堂钟声齐鸣,乐队高奏著名的怀旧歌曲《一路平安》。在音乐声中,激动的人们拥抱在一起,怀着惜别的感伤和对新生活的向往共同迎来新的一年。

(2)2月

圣瓦伦丁节(情人节)

2月14日,是西方传统的圣瓦伦丁节,又称“情人节”,它具有悠久的历史。

在美国,圣瓦伦丁节已不仅仅是青年人的节日,亲人、朋友之间都可以互送小礼品以表达感情,增进友谊。不少商店专门出售这类礼品,如装饰成心形的巧克力糖或者系着缎带的红玫瑰和郁金香花束。至于各式各样的情人卡,更是比比皆是。

圣帕特里克节

圣帕特里克节为3月17日,以纪念爱尔兰守护神圣帕特里克。这一节日5世纪末期起源于爱尔兰,美国从1737年3月17日开始庆祝。

美国的圣帕特里克节这一天,人们通常要举行游行、教堂礼拜和聚餐等活动。美国的爱尔兰人喜欢佩带三叶苜蓿,用爱尔兰的国旗颜色——绿黄两色装饰房间,身穿绿色衣服,并向宾客赠送三叶苜蓿饰物等。

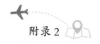

（3）4月

愚人节

4月1日是西方也是美国的民间传统节日——愚人节。愚人节，人们常常组织家庭聚会，用水仙花和雏菊把房间装饰一新。典型的传统做法是布置假环境，如把房间布置得像过新年一样，等客人到来时则祝他们"新年快乐"，令人感到别致有趣。

不过，愚人节最典型的活动还是大家相互开玩笑，捉弄对方。比如，小孩子会告诉父母说自己的书包破了个洞，或者脸上有个黑点，等大人俯身来看时，他们就一边喊着"四月傻瓜"，一边笑着跑开去。

如今的愚人节在美国已主要是淘气的男孩子们的节日。

复活节（一般指春分月圆后第一个星期日）

复活节是基督教纪念耶稣复活的一个宗教节日。每年，春分过去，第一次月圆后的第一个星期日就是复活节。日期年年不同，一般在3月22日至4月25日之间。

复活节有不少传统习惯，最典型的要数复活节彩蛋。还有一种古老的习俗，是把煮熟的鸡蛋送给街头的孩子们做游戏。他们把蛋往前滚，谁的蛋最后破，谁就获得胜利，蛋全归他所有。

（4）5月

植树节（5月的第二个星期五）

植树节是一个州定节日，没有全美统一规定的日期。但是，每年4、5月间，美国各州都要组织植树节活动。例如，罗得岛州规定每年5月份的第二个星期五为植树节，并放假一天。其他各州有的是固定日期，有的临时决定日期。每当这一天到来，以学生为主的社会各界群众便组成浩浩荡荡的植树大军，投入植树活动。

母亲节（5月的第二个星期日）

美国的母亲节始于1907年5月，要求定立母亲节这一倡议是费城安娜·贾维斯提出的。她曾亲自在教堂安排仪式，组织活动，要求前去参加者胸前佩戴白色石竹花。这一活动引起了不少人的关注和兴趣，翌年便有更多的教堂纷纷组织同样的活动。人们一致决定将每年5月的第二个星期日定为母亲节。

父亲节(6月的第三个星期日)

人们在庆祝母亲节的同时,也没有忘记父亲的功绩。1909年就有人建议确定父亲节。据说第一个提出这种建议的是华盛顿的约翰·多德夫人。多德夫人的母亲早亡,其父独自一人承担起抚养教育孩子的重任,把子女全部培养成人。1909年,多德夫人感念父亲养育之恩,准备为他举行活动,同时想到所有的父亲对家庭和社会的贡献,于是给当地一家教士协会写信,建议把6月的第三个星期日定为父亲节。该协会将建议提交会员讨论,获得了通过。1910年6月,人们便庆祝了第一个父亲节。当时,凡是父亲已故的人都佩戴一朵白玫瑰,父亲在世的人则佩戴红玫瑰。这种习俗一直流传至今。

(5)7月

独立日(美国国庆节)

日期为7月4日,以纪念1776年7月4日大陆会议通过《独立宣言》。

《独立宣言》由托马斯·杰斐逊起草,1776年7月4日由大陆会议主席约翰·汉寇克签字生效。《独立宣言》提出一切人生而平等,具有追求幸福与自由的天赋权利,政府的权力来自人民;历数了英国对北美13州进行殖民统治的罪行;最后庄严宣告美利坚合众国脱离英国而独立。从此,通过《独立宣言》的这一天成为美国人永远纪念的节日。

独立日在美国是一个相当热闹的节日。每逢这一天,全美大大小小的教堂钟声齐鸣。各地居民自发地举行庆祝游行,各种彩车、小型乐队和欢乐的人群排成浩浩荡荡的队伍,景象十分壮观。

(6)9月

劳动节(9月的第一个星期一)

劳动节是美国全国性节日,为9月的第一个星期一,放假一天,以示对劳工的尊重。

(7)10月

退伍军人节

10月份的第四个星期一是退伍军人节。这是美国全国性节日,以向退伍军人表示敬意。

1968年,美国国会通过了《星期日假日法》,将退伍军人节改在每年10月的第四个星期一,以使人们可以度过三天周末。这一立法从1971年开始

生效,目前美国大多数州都采用这个日期纪念退伍军人节。

（8）11月

万圣节

11月1日万圣节是西方的传统节日。万圣节前夜,即10月31日夜晚,是儿童们纵情玩乐的好时候。它在孩子们眼中是一个充满神秘色彩的节日。夜幕降临,孩子们便迫不及待地穿上五颜六色的化妆服,戴上千奇百怪的面具,提上一盏"杰克灯"（南瓜灯）跑出去玩。"杰克灯"的样子十分可爱,做法是将南瓜掏空,外面刻上笑眯眯的眼睛和大嘴巴,然后在瓜中插上一支蜡烛,把它点燃。人们在很远的地方便能看到这张憨态可掬的笑脸。

另外,要注意的是,Halloween是指万圣节前夕,即10月31日,而真正的万圣节叫Hallowmas,又称All Saint's Day。

感恩节

11月的第四个星期四是感恩节。感恩节是美国人独创的一个古老节日,也是美国人阖家欢聚的节日。因此,美国人提起感恩节总是倍感亲切。

感恩节的由来要一直追溯到美国历史的发端。1620年,著名的"五月花"号船满载不堪忍受英国国内宗教迫害的清教徒102人到达美洲。1620年和1621年之交的冬天,他们遇到了难以想象的困难,处在饥寒交迫之中。冬天过去时,活下来的移民只有50余人。这时,心地善良的印第安人给移民送来了生活必需品,还特地派人教他们怎样狩猎、捕鱼和种植玉米、南瓜。在印第安人的帮助下,移民们终于获得了丰收。在欢庆丰收的日子,按照宗教传统习俗,移民规定了感谢上帝的日子,并决定为感谢印第安人的真诚帮助,邀请他们一同庆祝节日。

多少年来,庆祝感恩节的习俗代代相传。无论在岩石嶙峋的西海岸,还是在风光旖旎的夏威夷,人们几乎以同样的方式欢度感恩节。感恩节是不论何种信仰、何种民族的美国人都庆祝的传统节日。

（9）12月

圣诞节

12月25日圣诞节是美国最大、最热闹的节日。可以说从感恩节过后,美国人就开始为圣诞节大忙特忙起来。

圣诞节里最典型的装饰是圣诞树,人们会在小杉树或小松树上挂满礼

物和彩灯,树顶再装一颗大星星。这些装饰都是有象征意义的。除了圣诞树,冬青和槲寄生也是圣诞节里常见的点缀。美国人常常用冬青树枝编成花环挂在大门上,或是将几条冬青树枝摆放在餐桌上作为节日的装饰。还有一些家庭会在门框或天花板上悬挂一束槲寄生。按照传统习俗,圣诞节时,凡是女子站在槲寄生下面,任何人都可以去亲吻她。顽皮的男孩子常常故意把女孩子引到槲寄生下,理直气壮地吻她一下。

▪ 后 记 ▪

高校国际交流与合作项目为师生创造了海外交流学习的机会和平台，为大家增长见识、增进了解发挥了积极作用。

在云南民族大学校领导的关心、支持下，国际合作交流处全体同志积极筹备、精心组织，报名参与 2019 年赴美人文交流实践的学生达到了 38 人。目前，学校暑期赴美人文交流实践活动人数已达到 135 人，分别是 2014 年 20 人，2015 年 18 人，2016 年 14 人，2017 年 31 人，2018 年 14 人，2019 年 38 人（报名）。

学校从 2014 年开展暑期赴美人文交流实践活动，至今已有 5 个年头。通过 5 年来对同学们赴美交流的跟进和同学们的反馈，我们发现同学们都得到了不同程度的成长与收获，不少同学感悟良多。通过学校赴美人文交流实践项目人数的增加，我们看到了同学们对海外游学的热情和渴望。5 年总结，也是一个新的起点。我们通过青年学生的视角来了解学习实践和文化交流的情况，同学们则用自己的亲身体会记录了人生每一步的成长与收获。

经过一系列的努力，本书的编纂工作也告一段落。本书见证了我们国际交流合作工作的努力，但是要取得更大的成绩，我们任重而道远。希望本书能够开阔同学们的视野，为大家创造更多的学习交流平台，激励大家用开放、包容的心态去学习和进步；也希望同学们在读完本书后，能够意识到中外人文交流的重要性，并为此贡献智慧和力量！

　　编书伊始,我们用大量时间来整理和汇总材料。为了更清晰地反映学生赴美游学的情况,我们在编排设计中花费了不少心思,比如根据人们习惯上的区域进行了划分,根据每个区域的特点撰写了编者按,这样能更直观地反映出本书的特色。由于准备时间紧张,梳理工作繁杂,后期准备比较仓促,存在诸多不足之处,还请专家、同行提出宝贵的批评意见。

编　者

2019 年 2 月